[埼玉学園大学研究叢書第15巻]

インクルーシブ保育における園児の社会的相互作用と保育者の役割

小山 望 著

障がいのある子どもとない子どもの友だちづくり

福村出版

[JCOPY] 〈出版者著作権管理機構　委託出版物〉

本書の無断複写は著作権法上での例外を除き禁じられています。複写され
る場合は、そのつど事前に、出版者著作権管理機構（電話 03-3513-6969、
FAX 03-3513-6979、e-mail: info@jcopy.or.jp）の許諾を得てください。

はじめに

　1980年代、障がいのある子どもを受け入れた幼稚園や保育所の保育方法は手探り状態でした。当時、筑波大学大学院博士課程に在学中だった私は、障がいのある子どもの発達支援や統合保育について深い関心がありました。

　そんな折に、青山学院大学教育学科の同窓会があり、幸運にもそこで知り合った葛飾こどもの園幼稚園園長の加藤惟一先生から幼稚園の障がい児担当の非常勤講師として働くチャンスをいただきました。葛飾こどもの園幼稚園は、さまざまな障がいのある子どもを積極的に受け入れ、都内でも先駆的に統合保育に取り組んでいました。幼稚園での私の役割は、障がいのある子どもを観察したり関わったりしながら、その子どもの個別支援のプログラムを考えることや保育者の統合保育に関する研修を行うことでした。実際に障がいのある子どもの保育を保育者と共に行うことは、これまでに経験したことはなく大変勉強になりました。個別的な関わりはもちろんですが、グループ活動や遊びを通じて子ども同士が関わり育ち合うさまざまな場面に遭遇し、遊びが子ども同士の関係を育てるということを学びました。幼稚園にはつぼみ組という障がいのある子どもだけのクラスがあり、10数名在籍していました。むろん、つぼみ組の活動が終わると、園庭や園舎では、クラスに関係なくどの子どもも自分が好きな遊びをしていました。

　私は現在に至るまで葛飾こどもの園幼稚園に関わらせていただいておりますが、本書を含め私のこれまでのインクルーシブ保育の実践研究は、葛飾こどもの園幼稚園からの学びによるものであります。1990年ごろから2000年にかけて、幼稚園や保育所を巡回指導する制度が確立し、発達心理学や臨床心理学の専門家、あるいは障がい児の医学の専門家が保育の現場に入るようになり、また保育者向けの発達障がい支援の研修会も頻繁に開かれるようになりました。

その影響で保育現場では障がいの特性に応じた個別指導や保育方法が取り入れられるようになりました。そのころから子どもたちの遊びを中心とした保育に影響が出始めました。またクラス活動に参加できるようにと、保育者の障がい児への個別指導が始まりました。保育者は、運動会や劇遊びなどの行事が近づくと、障がいのある子どもがクラスの子どもたちと一緒に参加できるように、個別の指導に力を注ぎました。しかし保育者は、障害の特性に応じた保育をしてもうまくいかないと悩みました。そもそも幼稚園や保育所は、障がいのある子どもの治療教育の場でしょうか。療育機関のように障がいの軽減や発達支援を目的とした個別指導の場でよいのでしょうか。これではせっかく入園・入所しても、加配の保育者との個別的な関わりが多くなるばかりで、いろいろな子どもたちと遊んだり関わったりする機会が奪われてしまいます。障がいのある子どもも関心がある遊びに参加し、好きな活動をしたいのではないでしょうか。治療教育の専門家は、ある幼稚園に自閉症スペクトラム症の子どもがいると、応用行動分析や TEACCH プログラムを保育者に勧めて、保育者にその技法を指導するかもしれません。しかし療育機関ではない保育の場で、障がいのある子どもはそうした個別指導を望んでいるでしょうか。保育者は保育経験を幾重にも積み重ねた子どもの遊びの専門家でもあり、治療教育の専門家の助言が必ずしも必要ではありません。むしろ保育者が主体的に、障がいのある子どもと関わりながら、媒体となって仲間関係をつくっていくことが重要です。

　障がいのある子どもが入園しても、定型的な発達の子ども中心につくられた保育プログラムを変えなければ、クラス活動に適応的に参加できるように個別指導（保育）やソーシャルスキル・トレーニングを受けることとなり、変化を求められるのは障がいのある子どもたちです。障がいの特性を理解して彼らの過ごしやすい環境に変えていくことこそが幼稚園側の役割です。障がいのある子どもが入園することは、今までの保育の見直しを迫られることになるのです。

　2005 年ぐらいから、インクルーシブ保育の考え方が日本保育学会でも取り上げられるようになり、障がいのある子どもを含むすべての子どもの保育ニー

ズに応えるインクルーシブ保育に転換していく動きが出てきました。障がいの
ある子どもとない子どもが互いに育ち合うことは、将来の共生社会をつくって
いく意味でも重要なことです。

　最近では、保育の場は遊びである、幼児期は仲間同士の遊びを通じて情緒の
発達や社会性の発達が促進されるという理解が、発達や臨床心理の専門家の間
にも広がり、障がいのある子どもとの仲間関係づくりや保育者の主体性を尊重
した支援が大切であるという考え方に変わってきました。葛飾こどもの園幼稚
園で発達障がいをはじめさまざまな障がいのある子どもが仲間と関わるように
なるまでを継続して観察させていただき、子どもの保育ニーズを中心に据えた
保育は、どの子どもにとっても満足がいく保育であると確信しました。保育者
は、子どもたちのニーズをしっかり受け止めています。保育現場では子ども同
士のトラブルは日常茶飯事ですが、それを保育者が自分たちで解決してしまう
のではなく、クラスの子どもたちに投げかけ、子どもたち同士が解決に向けて
何度も話し合ったり考えたりする機会にしていることで、子ども同士の育ち合
いがあるのだと納得しました。インクルーシブ保育は、すべての子どもたちが
主体的に生きる場を与えてくれるのです。

　本書は 2013 年 3 月に九州保健福祉大学に提出した学位論文「インクルーシ
ブ保育における障がい児と健常児の社会的相互作用について―仲間関係の形成
要因と保育者の役割について―」を主体として構成されています。インクルー
シブ保育実践研究の基礎資料となれば、望外の喜びです。多くの方々からのご
意見をお待ちしおります。

2017 年 9 月

小山　望

目　次

はじめに ———————————————————————————————————— 3

第 1 章
本書の目的及び研究方法 ———————————————————————— 11

   1・1　研究背景　11

   1・2　研究目的　15

   1・3　研究方法　16

   1・4　本書の構成　16

第 2 章
欧米など諸外国における統合保育の実情と課題 ———————— 19

   2・1　はじめに　19

   2・2　サラマンカ声明　20

   2・3　メインストリーミングとインクルージョン　22

   2・4　統合保育の研究　22

第 3 章
我が国における統合保育の実情と問題点及び
インクルーシブ保育の研究と課題 ———————————————— 25

   3・1　はじめに　25

   3・2　統合保育をめぐる要因について　27

   3・3　統合保育の研究動向　28

   3・4　社会的相互作用　29

   3・5　統合保育からインクルーシブ保育へ　31

3・6　我が国におけるインクルーシブ保育の研究と課題　34

3・7　特別支援教育制度とインクルーシブ保育　46

3・8　これからのインクルーシブ保育の方法　47

3・9　インクルーシブ保育の効果　58

3・10　インクルーシブ保育の方法についてのまとめ　60

第4章
統合保育の実践研究——事例1及び事例2　61

4・1　研究目的と課題意識　61

4・2　事例1　62

4・3　事例2　68

4・4　研究のまとめ　87

第5章
インクルーシブ保育の実践研究——事例3：運動障がい児の例　89

5・1　研究目的　89

5・2　研究方法　89

5・3　結果　91

5・4　考察　94

第6章
インクルーシブ保育の実践研究——事例4：自閉症児の例　95

6・1　研究目的　95

6・2　研究方法　95

6・3　結果　99

6・4　考察　108

6・5　総合考察　117

6・6　まとめ　117

第7章
インクルーシブ保育における保育者の役割 ———— 119

7・1　はじめに　119

7・2　インクルーシブ保育を行っている保育者の意識　119

7・3　統合保育を行っている保育者の意識　123

7・4　インクルーシブ保育の保育者と統合保育の保育者の意識の考察　126

第8章
仲間関係の要因 ———— 129

8・1　はじめに　129

8・2　統合保育の事例——自閉症児と健常児の仲間関係　129

8・3　インクルーシブ保育の事例（第6章の事例から）　142

8・4　まとめ　148

第9章
全体考察及び結論 ———— 151

9・1　はじめに　151

9・2　統合保育の実践研究——事例1　151

9・3　統合保育の実践研究——事例2　152

9・4　インクルーシブ保育の実践研究——事例3　153

9・5　インクルーシブ保育の実践研究——事例4　153

9・6　保育者の役割　155

9・7　統合保育とインクルーシブ保育の類似点と相違点について　157

9・8　結論　158

9・9　今後の課題　160

引用・参考文献 ··· 161

謝辞に代えて ··· 171

初出一覧 ·· 173

第1章

本書の目的及び研究方法

1・1　研究背景

　障害児（以降、「障がい児」という表記を用いる）の療育についての歴史をたどると、1969年の「肢体不自由児通園施設」、1972年の「重症心身障がい児施設」、1974年の「知的障がい児通園施設」、1975年の「難聴幼児通園施設」、さらに知的障がい通園施設及び肢体不自由児通園施設以外の心身障がいのある子どものための通園事業（心身障がい児通園施設）などの施設が厚生省の通知で全国各地に整備されるようになった。このように昭和40年代は、障がい児は専門機関（施設）で受け入れるべきだという考えが一般的で、保育所や幼稚園での受け入れには否定的であった。

　1974年には養護学校が義務化になり、就学猶予・免除が廃止された。これにより知的障がい通園施設の主たる対象児であった6～14歳の児童が学校に通学することになり、障がい幼児の療育の場として機能するようになった。障がい児を一般幼稚園で受け入れる制度ができたのは、1974（昭和49）年の文部省「私立幼稚園特殊教育費補助事業」であり、保育所においては厚生省の同年の「障害児保育実施要綱」である。保育所の対象となった障がい幼児の条件は、保育に欠けるおおむね4歳以上の軽度の知的障がい、身体障がいのある幼児であり、集団保育が可能で、日々通所できることとされた。障がい児保育を実施できる保育所は90名以上の定員の施設で、対象児の定員は1か所につき1割程度を原則として、保育士2名の配置と3分の1以内の経費補助を行うも

のであった。初年度は18か所の保育所が指定され、159名の障がいのある幼児が保育を受けることになった。同年、私立幼稚園でも10名以上の障がい幼児を受け入れる場合に経費補助を受けることができるようになった。

　このように一般の保育所・幼稚園で心身に障がいをもつ幼児と健康な幼児を一緒に同じ場所で保育することを統合保育という（村田1992）。これに対して、障がい児と健常児を分離して障がい児だけの集団で保育・教育することを分離保育という。例えば知的障がい児通園施設、肢体不自由児通園施設及び養護学校幼稚部などで行われている保育形態である。1950年代に北欧で起こった「ノーマライゼーションの理念」が世界的に広がり、1960年後半には北米に渡って「全障がい児教育法」（1975年）が成立し、障がい児が自由で適切な教育を受ける権利が確立し、すべての障がい児に対して「個人教育プログラム（IEP: Individualized Education Program）」「最小制約環境（LRE: Least Restrictive Environment）」などを用意することが法的に定められることになった。それは心身に障がいのある子どもをできる限り制約の少ない環境のなかで、障がいのない子どもと一緒に教育しようというメインストリーミング（mainstreaming）の機運になっていくのである（Judy 1984）。このノーマライゼーションの世界的な思潮の影響を受け、日本でも一般の幼稚園・保育所で障がい幼児を受け入れることが、全国各地に拡大していった。1976年第31回国連総会で、1981年を「国際障がい者年」とすることが決議され、「完全参加と平等」を目標テーマにノーマライゼーションの理念のもとに障がいのある人たちの問題に取り組むように各国に理解を求めたことが大きく影響を与えることになった。昭和49（1974）年に始まった厚生省の障がい児保育の制度は、平成20（2008）年では、全国7,260か所の保育所で10,719名の障がい児が入所し、障がい児を一般の保育所で受け入れることがかなり進んだ傾向になっている（厚生労働省調査）。この10,719名という数は特別扶養手当対象児童の人数で、この対象以外の軽度障がい児や発達障がい児の総数は39,557名となっている（厚生労働省調査）。障がい児保育を実施する7,260か所は、保育所総数の22,909か所の約32％にあたり、全国の保育所の3割は障がい児を受け入れて保育をしている

のが現状である。障がい児保育の保育者の人員配置は、昭和49年から平成14 (2002) 年までは特別児童扶養手当支給対象児童4名に対して保育士1名の配置であったが、平成15 (2003) 年度以降は、障がい児保育事業は一般財源化され、さらに平成19 (2007) 年度からは、特別な支援が必要な児童2名に対して保育士1名の配置が制度化されるように改善された。就学前の在宅障がい児が利用する福祉サービスの推移をみると、障がい児保育の利用者は年々増加し、通園3施設（知的障がい施設など）の2倍の伸びを示している（社会福祉施設調査2006）。幼稚園での障がい児の受け入れの全国調査は実施されておらず、実態は明らかではないが、全国44都道府県273園の公立幼稚園を対象とした特別の配慮を要する幼児の在籍児童の2009年に行われた調査では、公立幼稚園では4.1～4.4％であり、障がい種別では広汎性発達障がい及び知的障がいなどが多かった（佐久間・田部・高橋2011）。こうした状況からも障がい児は今後も一般の保育所・幼稚園で受け入れられて、障がい児と健常児を一緒に同じ場所で保育する統合保育は、年々進んでいくと思われる。

　ところで、統合保育という概念は、障がい児及び障がい者が障がいを理由に社会から排除されてきた歴史のなかで、「障がいのない人が普通に生活している通常の状態と障がいのある人の生活をできる限り同じにすること」というノーマライゼーションの理念に基づき、障がい児も健常児の生活と同じように生活する（保育を受ける）という考えである。統合保育は障がい児の特性に配慮しながら、健常児と一緒の保育を行う保育である。障がいの有無にかかわらずすべての子どもが一緒に生活をすることがノーマルであるというノーマライゼーションの理念が根底にある。発達は子ども同士の関わりによって促されるため、障がい児にとっても健常児の影響を受けて、言葉の発達や社会性の発達によい影響があるという効果もみられた。しかし、統合保育に問題がないわけではない。その方法論や検討すべき課題も多く、方法論の理論的枠組みの提示が求められている（園山1996）。また、障がい児は保育所のルールに適応させるのは困難である（中坪2000）、障がい児と健常児が一緒にいるだけでは意味がなく、相互作用がある状態を目指すべきである（浜谷2005）、障がい児ので

きないことへの支援に関心が集まっている（野本 2010）など、問題点を指摘する研究者も多いのである。

　本書では「統合保育」を「障がい児と健常児を明確に分けて、両者の統合を図ろうとする保育、健常児を対象とした通常保育の場に障がい児が適応するように支援する保育、健常児集団での生活の場に障がい児が参加して適応するために個別的支援を行うこと」と定義する。最近では、統合「インテグレーション」という考え方から「インクルージョン」という考え方に変わってきている。インクルージョンとは、子どもは一人ひとりユニークな存在であり、違うのが当たり前であることを前提として、すべての子どもを包み込む保育・教育システムのなかで、この個別的なニーズに応じた保育・教育支援を考えることであり、この個別的なニーズに対する適切な支援が保証されていなければ、一人ひとりの個性を尊重することができないとしていることがインクルージョンの理念の重要な点である（堀・橋本 2010）。インクルージョンの理念は、1994年6月、スペインのサラマンカ市でユネスコ（UNESCO：国連教育科学機関）とスペイン政府が開催した「特別ニーズ教育に関する世界会議」で採択された「サラマンカ声明」に端を発している。この声明が、世界各国が基本的政策としてインクルーシブ教育へのアプローチの推進を検討していくきっかけになっている。

　本書の端緒となったのは、筆者が統合保育の実践研究の場に選んだ東京都葛飾区の葛飾こどもの園幼稚園（以降はK幼稚園と略す）に出入りするようになってからである。K幼稚園は、昭和41（1966）年という都内でもかなり早期から障がい児を受け入れて統合保育を開始した私立幼稚園である。文部省が「私立幼稚園特殊教育費補助事業」を始める8年前である。筆者がこのK幼稚園で障がい児への関わりを始めたのは昭和58（1983）年ごろで、今から30数年前のことである。当時、筆者は障がい児の心理・教育を専攻している筑波大学の大学院生であり、毎週1回、K幼稚園に障がい児担当のスタッフとして通っていた。K幼稚園はその8年ほど前からインクルーシブ保育に取り組み始め、筆者もその保育現場に足を運んで障がい児と健常児との相互作用を観察し、ビデ

オで記録をとり、保育者と保育の方法をめぐって話し合いを重ねてきた。また K 幼稚園以外にも数多くの統合保育の現場を訪問し、観察したあとで保育者の方々と保育内容について話し合う機会を得ることができた。本研究はこうした統合保育に関する蓄積された実践研究を整理し、過去に発表した研究論文を見直し、幼稚園・保育所でますます発展すると考えられるインクルーシブ保育に少しでも寄与できることを願ってまとめたものである。

1・2　研究目的

1）本書の第1の目的は、統合保育からインクルーシブ保育へと保育の理念が変遷していくなかで、欧米及び我が国の統合保育の現状と課題に関する文献的検討を行うことである。

2）本書の第2の目的は、統合保育の効果とされる障がい児と健常児との相互作用を増大するための要因や保育者の役割を検討することである。社会性の障がいがあり、幼稚園や保育所で健常児との相互作用が困難であると指摘されている自閉的な幼児に焦点をあて、保育者がその自閉的な幼児との関わりや保育活動を通じて、自閉的な幼児と健常児との相互作用の頻度や増大が出現するかを検討する。また障がい児だけに注目するのではなく、健常児にも焦点をあてる。障がい児と健常児との相互作用の研究は多いが、健常児に焦点をあてた研究は少ないのが実情である。そうした点からも障がい児のみならず、健常児にも焦点をあてて彼らの相互作用を中心とした検討も行う。

3）本書の第3の目的は、欧米及び我が国のインクルーシブ保育に関する現状と課題の文献的検討を行うことである。

4）本書の第4の目的は、我が国においてインクルーシブ保育が進展していくうえでの参考資料となることである。統合保育からインクルーシブ保育へのパラダイム転換を迫られるなか、インクルーシブ保育に関する実践的な研究が待たれている。インクルーシブ保育における障がい児と健常児との相互作用から、仲間関係の形成要因と保育者の役割について分析する。

1・3　研究方法

1）統合保育・インクルーシブ保育に関する我が国の文献研究を行う。具体的にはCiNiiでの文献検索を用いて文献を収集する。また日本保育学会の学会誌及び研究発表から統合保育に関する研究を収集する。その文献研究の成果は第3章に記述する。

2）統合保育・インクルーシブ保育に関する欧米の雑誌などを中心に文献を収集し、文献的検討を行う。その文献的成果は第2章に記述する。

3）障がい児を受け入れて健常児との統合保育を行っている保育所において、障がい児と健常児との相互作用を観察及び記録し、その内容を分析するとともに相互作用の要因と保育者の役割を検討する。その研究結果は第4章に記述する。

4）障がい児と健常児との統合保育で、相互作用を生ずるためにはどのような保育方法や保育者の役割が必要かを検討するために、統合保育を行っている保育所で、相互作用を生ずるための保育プログラムを実施し効果を検討する。その研究結果は第4章に記述する。

5）インクルーシブ保育を行っている幼稚園において、障がい児と健常児との相互作用を観察し記録する。相互作用が起こる要因と保育者の役割について考察する。その内容は第5章及び第6章に記述する。

6）統合保育を行っている幼稚園とインクルーシブ保育を行っている幼稚園の保育者に対してインタビュー調査を行い、保育者の意識について明らかにすることにより、両者の保育方法について考察する。その内容は第7章に記述する。

1・4　本書の構成

本書の構成は以下の通りである。

第1章　本書の目的及び研究方法
第2章　欧米など諸外国における統合保育の実情と課題
第3章　我が国における統合保育の実情と問題点及び
　　　　インクルーシブ保育の研究と課題
第4章　統合保育の実践研究――事例1及び事例2
第5章　インクルーシブ保育の実践研究――事例3：運動障がい児の例
第6章　インクルーシブ保育の実践研究――事例4：自閉症児の例
第7章　インクルーシブ保育における保育者の役割
第8章　仲間関係の要因
第9章　全体考察及び結論

第2章

欧米など諸外国における統合保育の実情と課題

2・1　はじめに

　北欧に始まったノーマライゼーションの原理の浸透とともに、統合保育への広がりをみせ、米国や西欧諸国では基本的人権擁護の立場から、地域社会での統合を推進する意味で、障がい幼児の保育にも大きな影響を与えた。二文字（1995）によれば、スウェーデンでは、教育において障がい児を特別な存在とはせず、むしろ「個人差」として考えており、その個人差に応じた「特別指導」という方法を重視している。これは障がい児とはいえない子どもも対象としており、すべての児童・生徒が対象である。

　米国では1975年に「全障がい児教育法」が成立し、最小制約環境（LRE）での保育・教育を行うメインストリーミングが促進され、多くの研究が報告されるようになった（Gresham 1982, Odom & McEvoy 1988）。「メインストリーミングにより統合保育に著しい進歩がみられるのは事実である」（Guralnick 1981）。Odom & McEvoy（1988）によれば、メインストリーミングとは、クラスの50％以上の子どもが健常児であり、健常児のための教育プログラムのなかに障がい児が参加する形態である。またインテグレーションとは広く一般的な用語で、2つの子どもグループを混ぜ合わせるための過程と定義されるという。一方、障がい児と健常児の物理的な統合だけでは、投げ捨て（dumping）といわれる現象を起こしてしまうのである。メインストリーミングとか統合とかいう考え方から、完全なインクルージョンへのシフトを考える必要がある。この

19

変化には多くの理由がある。まず、インクルージョンという用語は、すべての子どもが単に本流に置かれるだけでなく、地元での学校生活と社会生活に包み込まれることが必要であることをはっきり伝えることから用いられている（Stainback 1992）。

石井（2010b）はスウェーデン、デンマークの特別なニーズのある子どもの保育を視察見学する際に、すべての子どもたちが通常クラスで一緒の保育を受けるインクルーシブ保育をイメージしていたが、実際には保育所のなかに障がいのある子どものクラス、小グループのクラス、通常のクラスと多くの選択肢があり、子どもの保育参加の方法も多様で、保育スタッフも多様であったという。ただ、必ず子ども同士の関わりがとれるような配慮はどこのクラスでも行われていたと報告している。

2・2　サラマンカ声明

1994 年 6 月、スペインのサラマンカ市でユネスコとスペイン政府が開催した「特別ニーズ教育に関する世界会議」で採択された「サラマンカ声明」は、インクルーシブ教育のアプローチを推進するための世界各国の基本的政策の転換を検討するきっかけになっている。この声明は、インクルージョンの原則、「万人のための学校（Education for All: EFA）」（すべての人を含み、個人主義を尊重し、学習を支援し、個別のニーズに対応するための施設）に向けた活動の必要性の認識を表明している。以下、その一部を紹介する。

①すべての子どもは、教育を受ける基本的権利をもち、また受容できる学習レベルに到達し、かつ維持する機会が与えられなければならない。

すべての子どもは、ユニークな特性・関心・能力及び学習のニーズをもっており、教育システムはきわめて多様なこうした特性やニーズを考慮に入れて計画・立案され、教育計画が実施されなければならない。

特別な教育的ニーズをもつ子どもたちは、彼らのニーズに合う児童中心

の教育学の枠内で調整する、通常の学校にアクセスしなければならず、このインクルーシブ志向をもつ通常の学校こそ、差別的態度と戦い、すべての人を喜んで受け入れる地域社会をつくり上げ、インクルーシブ社会をつくり上げ、万人のための教育を達成する最も効果的な手段であり、さらにそれらは、大多数の子どもたちに効果的な教育を提供し、全教育システムの効率を高め、ついには費用対効果の高いものにする。

②我々はすべての政府に対して以下を要求し、勧告する。

　ア）個人差もしくは個別の困難さがあろうとも、すべての子どもたちを含めることを可能にする教育システムを改善することに高度の政治的・予算的優先を与えること。

　イ）別のように行うといった競合する理由がない限り、通常の学校内にすべての子どもたちを受け入れるというインクルーシブ教育の原則を法的問題、政治的問題として取り上げること。

　ウ）デモンストレーション・プロジェクトを開発し、またインクルーシブ教育に関して経験をもっている国々との情報交換を奨励すること。

　エ）特別な教育ニーズをもつ児童・成人に対する教育設備を計画・立案し、モニターし、評価するための地方分権化された参加型の機構を確立すること。

　オ）特別な教育的ニーズに対する準備に関する計画や決定過程に障がいをもつ人々の両親、地域社会、団体の参加を奨励し、促進すること。

　カ）インクルーシブ教育の職業的側面におけると同じく、早期認定や教育的働きかけの方略に、より大きな努力を傾注すること。

　キ）システムを変える際に、就任前や就任後の研修を含め、インクルーシブ校内における特別なニーズ教育の準備をとり行うことを保障すること。

（発達障害白書 2008）

　ユネスコの意図する教育は、障がいをもつ、もたないで子どもを分けるのではなく、すべての子どもたちにとって効果的な学校を目指して、すべての子ど

もたちが一緒に学べるようにすることであり、そのために多様な子どもの教育ニーズを認識し、それぞれに異なる学習スタイルや速度に合わせること、教育課程の適切な編成、組織編成、授業方針などの改革を行うことが必要であると指摘している。このユネスコのサラマンカ声明は世界各国の統合教育からインクルーシブ教育へという流れを加速する要因になり、北米を中心に1990年代から世界の主流になりつつある。

2・3　メインストリーミングとインクルージョン

　園山（1996）は、米国の統合保育の状況には2つの保育理念があり、保育方法があると指摘する。

　メインストリーミングとは、幼児の保育ニーズに応じて最小制約環境で保育を行うものであり、一般に障がいの程度が軽度であるほど、一般クラスでの保育に適合するものとみなされ、障がいの程度が重くなるほど、より分離した形態での保育に適合するとみなされる。そして実際の保育は、一人ひとりの発達の促進が目的とされ、そのための方法と配慮が考案される。

　インクルージョンでは、病気療養など特別な理由がない限り、障がいの程度に関係なくすべての幼児が一般のクラスでの保育に適合するとみなされる。そして実際の保育には、障がいの有無にかかわらず、子どもたちが共に育つことが目的とされ、そのための方法や配慮が考案される。

2・4　統合保育の研究

　障がい児と健常児が共に保育を受けることは、障がい児の社会的相互作用のうえで効果がみられる（Jenkins, Speltz, & Odom 1985）。メインストリーミングの有効性はどのような教育的介入がなされたかによる（Cooke & Ruskus 1981）。社会的相互作用をはじめ効果をあげるには、障がい児と健常児が物理的に統合するだけでなく、両者の意図的な保育の関わりが必要である（Jenkins,

Odom, & Spelz 1989)。統合保育には日常的な保育場面で障がい児に技能や言葉を教える「機会利用型指導（incidental teaching）」が有効である（Hart & Risley 1975）。障がい幼児と障がいのない幼児の社会的相互作用を増やすには、個別や小集団で障がいのある幼児にソーシャルスキル・トレーニングを行うことである（Gresham 1982）。対人関係が苦手な自閉性障がいのある幼児には、社会的相互作用を増やすために個別指導や小集団指導の形態でクラス仲間への関わり方を訓練したりするプログラムが必要である（Strain & Odom 1986）。最近では、統合保育場面では「埋め込み型指導（embedded instruction）」が有効である（Pretti-Frontczak & Bricker 2004）。埋め込み型指導とは、保育場面において、幼児にとって意味ある活動、かつ好みの活動を活用して、個別の目標を練習する機会を設定するプロセスを意味する。また個々の子どものニーズに応じた支援を行うには、アセスメントの収集、介入計画の立案と実行、評価などの一連のプロセスが大切であり、そのためにはさまざまな側面に基づいた包括的なアセスメントが必要である（Munso 2002）。

　また米国では、1980年よりイタリアの教育方法である「レッジョ・エミリア・アプローチ」が浸透し、プロジェクト・アプローチ（Katz & Chard 2004）という形で幼児教育方法として広まっている。このプロジェクト・アプローチは障がいをもつ子どもの保育に有効である（Helm 2003）。障がいをもつ幼児が自分のこだわるトピックスについて深く学ぶ機会が与えられることで、発達や学習が促されるだけでなく、自己肯定感が生まれることが報告されている（Harris & Gleim 2008）。

第3章

我が国における統合保育の実情と問題点及び
インクルーシブ保育の研究と課題

3・1　はじめに

　1950 年代にデンマーク提唱された「ノーマライゼーション（normalization）」の理念は、デンマークの行政官であるバンク－ミケルセン（Bank-Mikkelsen）が 1959 年に制定された「知的障がい者法」のなかで「知的障がい者の生活をできるだけ通常の生活に近づけるようにすること」と定義づけたことに始まる。その後、スウェーデンのニリエ（B.Nirje）が 1969 年に論文「ノーマライゼーションの原理」を発表したことがきっかけになり、世界各国に知られるようになった（Wolfensberger 1981=1982）。また米国では 1975 年に「全障がい児教育法」が成立し、障がい児が自由で適切な公教育を受ける権利が確立し、すべての障がい児に対して「個人教育プログラム（IEP）」「最小制約環境（LRE）」などを用意することが法律的に定められている。それが心身に障がいがある子どもをできる限り制約の少ない環境のなかで、障がいのない子どもと一緒に教育しようというメインストリーミング（mainstreaming）の機運になっていくのである。

　我が国においてもこうしたノーマライゼーションの影響により、昭和 49（1974）年の厚生省通知「障がい児保育実施要綱」、同年の文部省「私立特殊教育費補助」により、保育所や幼稚園に障がいをもつ幼児の受け入れが制度的に整うことになり、それ以降は就学前の保育所・幼稚園での統合保育が進められることとなった。統合保育（integration）は「心身に障がいを持つ子ど

もと一般の健康な子どもを同じ場所でいっしょに保育することである」(村田1992)。統合保育の意義は「障がい児の生活全体をノーマライズする」という意味からも、これまで主として、障がいをもつ子どもとそうでない子どもたちの集団に所属して、共に生活をすることが重要であると強調されてきた(小松1987)。また障がいをもつ子どもの改善のみならず、多様な生活経験を広げ、友達との遊びを通じて豊かな人間関係を育て、集団生活を通じて基本的な社会的ルールを学ぶこと(田淵1990)、幼児たちがお互いに育ち合うことが統合保育の重要な意義である(神田1992,堀1994)。統合保育に対立する概念は分離保育(segregation)であり、障がい児と健常児を分離して障がい児だけの集団で保育・教育することで、障がい児の通園施設、療育センター、発達支援センター及び特別支援学校幼稚部などで行われている保育形態である。統合保育については検討すべき課題が多く、方法論の理論的枠組みの提示も求められている(園山1996)。小山ら(1989)は、東京都内の統合保育を実施している公私立の保育所242か所を対象に、保育者に保育上の悩みや意識についてのアンケート調査を行った。その結果444名の保育者から回答が得られた。「障がい児保育はやりがいがある」と答えた保育者が96%いたが、一方で「障がい児保育は難しい」と答えた保育者が88%いることからも、障がい児保育の難しさが示されている。障がい児保育は専門知識や技術を必要としており、日々試行錯誤しながら総合保育に取り組んでいる現状がある。 また保育者の悩みは以下の項目に示されている。

1)健常児と障がい児の関わりについて
　　ア　一斉保育で障がい児が同一行動をとれないときにどう対応したらいいのか
　　イ　障がい児と健常児との間に発達上のギャップがあり、遊びや活動のときにどう関わっていくのがよいのか
　　ウ　健常児が障がい児を赤ちゃん扱いしてしまう
　　エ　健常児の活動を障がい児が妨げることについて

第 3 章　我が国における統合保育の実情と問題点及びインクルーシブ保育の研究と課題

　２）障がい児への対応

　　　ア　問題行動やパニックを起こしたときの対応

　　　イ　個別指導する時間がない

　　　ウ　専門的知識がない

　３）その他

　　　ア　健常児の親の理解をどう進めていくか

　　　イ　障がい児の親に対してどう働きかけるか

　これらは、主として統合保育をするうえでの健常児と障がい児の関わりについての保育者の悩みであり、保育者が健常児主体に保育をすると障がい児の発達上のギャップが生じ、保育者が障がい児との関わりを多くすると健常児の活動に停滞が生じる、という両者のバランスのとり方に関する悩みである。

　中坪（2000）は、統合保育において障がい児を取り巻く人間関係について継続的な観察を続けた結果、保育所のルールや慣習に適応するのはきわめて困難であること、日常の保育では、障がい児は加配保育者から配慮されることで、周囲の子どもたちからは特別視され注意や干渉を受けることになり、それは障がい児にとって社会的不利になることを指摘した。

3・2　統合保育をめぐる要因について

　園山（1996）は、統合保育における状況要因として以下の6つをあげている。

①理念的要因

②制度的要因

③障がいのある幼児の要因

④物理的要因

⑤人的環境要因（障がいのない幼児の要因、保育者の要因、保育プログラムや保育
　活動の要因）

⑥体制的環境要因（全園体制、療育機関との連携）

また小山（1995）は、統合保育の要因として以下の7つをあげている。

①保育内容の要因（保育プログラムなど）

②保育者の要因（保育者の人数、保育方法、保育技術、保育の理念など）

③園全体の要因（園長や同僚の理解、支援）

④健常児の要因

⑤障がい児の要因（障がいの種類、程度）

⑥保護者の要因（保護者の理解・協力）

⑦物理的要因（施設、保育環境）

3・3　統合保育の研究動向

　今後の障がい児保育は、療育施設から一般の幼稚園・保育所での統合保育という流れへと移行していくであろう（若月・渡辺 2004）。石井（2010a）の統合保育の研究動向の研究によると、統合保育の研究は寺尾ら（1977年）に始まり、CiNii によれば2009年までに348本の論文が検索できる。このうち一番多いのは障がい児の行動や発達に関するもので、統合保育により障がい児の行動や発達が改善されたという報告に関するものは全体の34.5％である。続いて「幼稚園・保育所の統合保育の体制や指導計画」の検討が12.1％、「療育・相談機関の巡回相談を通じた保育支援、カンファレンス等の保育支援」が8.6％、「健常児と障がい児の相互作用」の研究などが7.8％となっている。しかし、「保育者の子どもとの関わり」に関する研究は2.9％、「保育者の専門性」に関する研究は1.4％にすぎない。石井は1990年に入って国の少子化対策の後押しもあり、障がい児の受け入れが幼稚園や保育所で量的に拡大したために、障がい児対応の専門性のないままに保育現場で受け入れてしまったという問題の指摘をしている。しかし、1990年代から2000年にかけて専門機関との連携や巡回相談を活用するようになり、専門性の不足を補いながら保育を充実してきたと述

べている。

3・4　社会的相互作用

　統合保育の成果とされているものに、障がい児と健常児との相互作用がある。この相互作用はしばしば「社会的相互作用（social interaction）」と呼ばれる（本郷 1985）。社会的相互作用とは、障がい児と健常児との相互作用を通じて、お互いの理解を深めるとともに、社会的ルールや技能を習得し、仲間関係を形成する基礎となる（本郷 1988）。この相互作用が統合保育の重要な成果といわれている（本郷 1985, 小山・池田 1995, 小山 1995）。複数の子ども（人）が互いに相手に影響を及ぼし合う状態にあるとき、社会的相互作用が生じているといい、そのなかには社会的交渉・やりとりと呼ばれるものも含まれている（麻生 1995）。子どもはさまざまな人々と実に多様な社会的相互作用をもちながら成長するが、そのなかでも重視されているのは、母親と子の間でみられる社会的相互作用である。

　障がい児と健常児の社会的相互作用を形成するための保育者の役割・援助が重要であるという指摘がある（三谷・西野 1988, 西野 1991, 三谷 1993）。三谷らは統合保育における障がい児と健常児との社会的相互作用に注目し、VTR による行動分析を行い、その結果から、障がい児の社会的コンピテンスを高めるには保育者の意図的介入、保育プログラムの実施、健常児との相互作用を生み出す保育環境の整備が必要と述べている。本郷（1985, 1986）は、統合保育における障がい児をめぐる保育者や健常児との関わり、社会的相互作用に注目し、障がい児と他者（保育者や健常児）との相互作用について自由遊びの場面の VTR による観察記録より相互作用系列数・相互作用内容という測度で分析している。また、園山ら（1989）は、障がい児と健常児との相互作用における意図的な教育介入の必要性、保育者との人間関係の形成の重要性、応用行動分析に基づく「機会利用型指導法」の有効性を指摘している。小山（1993）は、これまでの統合保育の研究の焦点が障がい児個人にあたり、障がい児を含む集団の研

究がなされてこなかったことを指摘している。

　園山 (1996) は、統合保育の社会的相互作用を育てる要因を下記のようにあげている。

①保育者との人間関係の確立を最優先にする
②保育者が障がいのある幼児とうまく関わる方法を見出す
③障がいのある幼児と障がいのない幼児との関わりを観察し、理解する
④障がいのある幼児と障がいのない幼児とが関わりやすい場面を構成する
⑤障がいのある幼児と障がいのない幼児に対して共に適切に関わり方の技術的な援助をする
⑥幼児たちの間にトラブルが生じそうな場面では、保育者が両者の心情を汲み取って橋渡しをする
⑦障がいのある幼児が生活しやすい空間を確保する

　次に統合保育の効果とされる社会的相互作用についての研究を概観してみる。

　障がい児と健常児との社会的相互作用に関する研究として、「設定場面での意図的介入により障がい児と健常児との相互作用が増えた」(野田・田中 1993)、「障がい児と健常児の社会的やりとりを促すには、保育者に指導技法が必要である」(佐藤 1997)、「保育者が障がい児と健常児との社会的相互作用を形成するために意図的なプログラムを行うことによって、相互作用が増加し、友好的な関係が形成された」(小山 2003)、「障がい児と健常児との相互作用を成立させるためには、障がい児のスキルの向上とともにその使用に対する援助の方法、健常児や保育者も含めた環境設定のあり方の検討が必要である」(東 2001)、「障がい児と健常児との相互作用が充実するために行われる保育士の障がい児への援助（その場に応じたことば、コミュニケーション）、保育設定、保育環境の検討の必要性がある」(東 2009)、「統合保育場面における障がい児の相互交渉能力に関する行動評価を試み、設定保育場面と自由遊び場面での適切

第 3 章　我が国における統合保育の実情と問題点及びインクルーシブ保育の研究と課題

性と不適切性の検討を行った」（中島・仙石 2005）などの報告や分析があげられる。障がい児と健常児の社会的相互作用を高めることが統合保育の狙いでもあるが、自閉的な幼児は社会性が不足しているため社会的相互作用が生じることは困難であると指摘されている。小山・池田（1995）、小山（2003）は統合保育において自閉的な幼児と健常児との社会的相互作用を高めるために保育プログラムの実施や保育者の介入を意図的に行い、検討を重ねている。また障がい児と健常児との社会的相互作用の分析として健常児の分析も行っている。一方、刑部（1998）は、従来は相互作用の過程に焦点をあてた研究でも特定の他者（仲間、保育者、親など）との 1 対 1 の関係に焦点をあてたものが多く、ちょっと気になる子ども一人に焦点をあてるだけでなく、周りの子どもたちや保育者からの関わり方（状況）を分析すべきであると指摘している。刑部は気になる子どもの観察を通じて、その子自身が何かができるようになったからクラス集団に入れるようになったのではなく、保育者や周りの子どもたちとの関係性が変化したことによって、その子どもらしい参加ができるように変化したと報告している。

3・5　統合保育からインクルーシブ保育へ

障がい児と健常児を統合する保育の方法や原理ではいくつかの問題が指摘されている（野本 2010）。

①障がい児のできないことへの支援に関心があり、それについての支援・援助方法ばかりが注目されている

②障がい児が障がいのない子どもと一緒に活動することができるように、あるいは、他の子どもの活動に支障をきたさないように支援や援助がなされている

③障がい児を受け入れても幼稚園や保育所のプログラムは基本的には変わらない

④他職種の専門家の支援や助言をそのまま保育に取り入れてしまう

　障がいがある子どものいる保育は、障がいのある子どもの支援援助が中心ではおかしい、すべての子どもが満足するような保育が求められていると指摘している。
　浜谷（2005）は、統合保育の状態を次の4つの段階に位置づけている。

　A　参加（共同・共生）：包括かつ統合が実現されている状態
　　　障がい児も他の子どもたちも対等で平等に意見が尊重されて、子どもたちの生活のあり方が決定される。
　B　独立（共存）状態：包含は実現されているが、分離されている状態
　　　障がい児と他の子どもたちはそれぞれ別の場で生活することを選び、分離され、活動している。
　C　投げ入れ（適応・放置）：包含が実現されておらず、統合されている状態
　　　障がい児は他の子どもたちの選択した生活の場にいる。
　D　隔離・孤立状態：包含は実現されておらず、分離されている状態
　　　障がい児と他の子どもたちはそれぞれ別の場で生活する。

　浜谷は「鬼ごっこ」への障がい児の参加をめぐって、この統合保育の状態を検討している。例えば、障がい児の太郎君（仮名）は鬼ごっこに参加したいが、ルールがわからないという。

　A　鬼ごっこの標準ルールを変えて、特別ルールをつくり、太郎君を含めた全員が楽しめる活動にする
　B　特別ルールをつくらないが、太郎君は別の場面で保育補助者と個別に楽しむ活動を行う
　C　鬼ごっこのルールがわからない太郎君は友達と手をつないでもらっているが、その理由もわからずに、ただ一緒にその場にいる

D　太郎君は他の子どもたちとは別のところで、個別に援助を受けている

これを障がい児と健常児との社会的相互作用で考えると、次のA〜Dのようになる。

A　社会的相互作用がある
B　保育者とは社会的相互作用があるが、健常児とはない
C　場にいるが、社会的相互作用はない
D　全くない

　浜谷は、統合保育はただ障がい児が健常児と一緒の場にいるだけでは意味がなく、共に主体的に参加していて、相互作用がある状態を目指す保育であると指摘している。
　石井（2009, 2010a）は、少子化により園児獲得競争から幼稚園における3歳児入園が多くなっていることや、障がい児を受け入れることを行政が推進した結果、安易に障がい児を受け入れて統合保育をしている幼稚園や保育所が増加したことを危惧し、さまざまな保育ニーズをもつ子どものインクルージョンを前提とした保育に転換すべきだと指摘している。また石井（2009）は、統合保育を実施している幼稚園・保育所の園長に対する意識調査を行い、障がいのある幼児を受け入れてインクルーシブ保育を行うことを前提とした今までの通常保育を見直すことや改善する意識が浅く、障がい児への療育指導は相談機関の役割であって保育現場の役割ではないという意識であったと報告している。こうしたことからも、統合保育という保育理念や方法では、障がい幼児を含め子どもたち同士の社会的相互作用という統合保育の成果もみられず、場の統合だけに終わってしまう危険性も懸念される。そうした意味では、今日の流れである障がいの有無にかかわらず、すべての子どもの保育ニーズに応えるインクルーシブ保育に転換していく必要に迫られていると思われる。今後は幼児教育や保育の分野でのノーマライゼーションの理念を具現化したインクルーシブ保

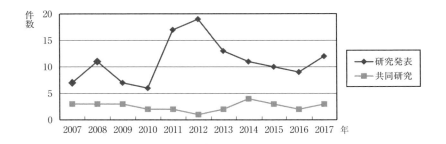

Fig. 3.1　日本保育学会における近年の研究発表と共同研究の件数

育へと考察を進めていきたい。

3・6　我が国におけるインクルーシブ保育の研究と課題

1）研究の動向

　日本におけるインクルーシブ保育の研究は、日本保育学会の発表数をみてみると、徐々にその件数は増加している。2007年から2012年にかけては3倍近い発表件数の増加があり、その後のインクルーシブ保育のへの関心は高まっていると思われる（Fig. 3.1）。Fig. 3.1の「共同研究」は筆者らの仲間による共同研究である。

2）日本保育学会の発表内容（2007～2012年）の分析

　2007年の日本保育学会の発表内容は、運動会参加におけるインクルージョンの支援の実践（秦野 2007）、インクルーシブ保育の実践の取り組み（加藤ら 2007, 春原ら 2007, 長谷川ら 2007）、広汎性発達障がいの幼児をめぐる包括的保育の実践（本田ら 2007）、幼稚園における特別支援教育の質的検討（若月 2007）の研究があげられる。このなかで若月は障がい児を受け入れて包括的保育を始めるにあたり、①保育者の意識改革、②保育の具体的な見直し、③園内の連携、④保護者の対応、⑤園の体制が変えられるのか変えられないのかの5点を指摘

第3章 我が国における統合保育の実情と問題点及びインクルーシブ保育の研究と課題

し、問題視している。

2008年の発表内容は、運動会参加のインクルージョンの検討（秦野 2008, 瀬戸 2008）、小学校への移行支援の検討（長谷川ら 2008）、スリランカのインクルージョン保育（松本 2008）、多様なニーズのある子どもの保育に関する研究（管田 2008）、インクルーシブ保育の効果に関する調査（小山・加藤・大田 2008）、インクルーシブ保育が特別支援教育に提起するもの（太田・加藤 2008）、巡回相談によるインクルーシブ保育の支援（大村 2008）、インクルーシブ保育における保育者の連携（矢萩 2008）、包括的保育の実践（本田 2008）、インクルーシブ保育と特別支援教育（若月 2008）などである。小山（2008）は統合保育からインクルーシブ保育に取り組んできた幼稚園を卒園した障がい児の保護者を対象にアンケート調査を行い、入園して子ども同士の交流が生まれたことや健常児の親との交流が行われたことがよかったという回答を得ている。太田ら（2008）は、障がい児のインクルーシブ保育を可能にする保育支援として小グループでの支援活動を行い、障がい児と健常児を一緒に小グループで遊ぶようなコーナー遊びをするなど、無理なく障がい児が園生活に溶け込めるような手立てが必要であると提案している。

2009年の日本保育学会では、太田・木下（2009）の企画シンポジウムにおいて、「障がいある子どもへの今後の統合保育、特別支援保育を問う」というテーマで、学会が始まって以来、初めてインクルーシブ保育のことが取り上げられ、インクルーシブ保育の実践者や研究者がシンポジストとなり討論がなされた。内田（2009）は、米国のあるインクルージョンの実践ではインクルージョンを可能するためにセラピストが保育所に常駐しており、担任とセラピストとの連携が重要と指摘している。インクルーシブ保育に関する研究（小山 2009）では、運動障がいの子どもがクラスの子どもとの社会的相互作用と運動会の練習を通じてクラスの仲間になっていく様子が報告された。酒井（2009）は、自閉症児がクラスの集団に参加できるようになるプロセスを保育者の働きかけを中心に報告している。

2010年の日本保育学会では、本田（2010）は「障がいのある子どもを包括す

35

る保育実践の方向を探る」という発表のなかで、知的障がいを伴う自閉症児M君を受け入れたが、彼の好きな活動である砂遊びや曲に合わせて踊るという活動を通じて次第に他の子どもとも関わるようになり、クラスのなかで安定した生活をするようになったと報告している。若月（2010）は「障がいのある子どもを包括する保育実践の方向を探る」という発表で、障がいのある子どもの保育を考えたときに、今までの園文化や園の保育が合わないことがあり、見直さなければならないこともあると報告している。鶴巻ら（2010）の「配慮を要する子を含めたより柔軟な保育内容の検討」では、インクルーシブ保育においては障がいのある子どもを含めた小グループ活動をしながら保育者との密な関わりをしていくことで、障がいのある子どもが安定して他の子どもたちとも関わるようになることが報告された。小山ら（2010）は「インクルーシブ保育に関する研究（3）」で、保育者が自閉症のA児の仲立ちとなって他の子どもと遊ぶ場面をつくっていくなかで、A児もクラスの子どもたちと関わるようになり、保育者もA児を肯定的にみるようになったことで、クラスの仲間も彼を受け入れるようになったと報告した。野本（2010）は「どの子どもにもうれしい保育の研究」で、障がいのある子どもの保育が支援中心の保育になっていることの問題性を指摘し、障がいがあろうがなかろうが、幼児期にふさわしい経験のあり方があり、どの子どもにとってもうれしい保育をもっと考えるべきではないかと報告している。石井（2010）は「統合保育からインクルーシブ保育へのパラダイム転換」で、ICF（国際生活機能分類）の定義からくる障がい観の変化と少子化による幼稚園の園児数確保、乳児保育の急増などにより、結果として軽度の発達障がいの子どもたちが以前より多く幼稚園・保育所に入園していることを指摘し、そうした現状を踏まえたうえで、さまざまなニーズをもつ子どもの入園を前提としたインクルーシブ保育が求められると報告している。

2011年の日本保育学会では、企画シンポジウムにおいて、「特別支援教育」（若月 2011）をテーマに保育における特別支援教育について取り上げられ討論された。長年統合保育に取り組んできた幼稚園や保育所では、障がいがあろうがなかろうが、一人ひとりの子どもの気持ちに寄り添い、その子どもに必要

な支援を行うことが保育者にとって目標となると報告された。また自主シンポジウムでは、水野・徳田（2011）の「障がいのある子どもの運動会・発表会への参加を支援する具体的方法」で、障がいのある子どもでも無理なく参加できる支援方法について検討がなされた。七木田（2011）は「活動に根ざした早期介入アプローチの開発―新しい障がい幼児の指導―」で、米国におけるインクルーシブ保育の方法としてABI（活動に根ざした介入）アプローチについて触れ、子どもの自発性を尊重しながら応用行動分析に基づき介入を図る技法、自然なアプローチとされる技法を紹介している。

　口頭発表では、加藤（2011）の「配慮を要する子どもを含めたより柔軟な保育内容の検討Ⅱ」は、小グループ活動やコーナー活動、障がい幼児を中心としたグループ活動などを通して、障がい幼児も健常幼児も共に育つことを目標として保育を行っていると報告した。堀（2011）は「インクルーシブ保育の実践研究（1）」で、「インクルーシブ保育とはソーシャル・インクルージョンを目指す市民教育である」と定義している。小山ら（2011）は「インクルーシブ保育に関する研究（その4）」で、障がい児A君の好きな遊びをコーナー活動に取り入れたところ、クラスの仲間との関わりが増えたと報告した。野本（2011）は「どの子にもうれしい保育の研究（2）」において、障がいのある子どもを、居場所がない保育や合わせる保育など保育に異議申し立てをしている子どもと捉え直してみる必要性を訴えている。三輪ら（2011）は「どの子にもうれしい保育を実現する実践的研究（1）」で、障がいのある子どもや関わりが難しい子どもにとってうれしい保育は、他のどの子どもにとってもうれしい保育になっていると報告している。柴田（2011）は「どの子にもうれしい保育の実現を目指す実践的研究（2）」で、一人ひとりを大切にする保育をしようとすればするほど、日々保育のなかで出会う保育の現実的な課題と理念との間で揺れ動くことになってしまうと報告している。

　西山（2011）の「『どの子でも』と、『その子には』のはざまで」は、障がいのある子どもを受け入れた幼稚園の保育は、療育センターとの連携をしつつも、障がいのあるなしではなく、一人のかけがいのない存在であることを前

提に子どもへの理解を深めていく営みであると報告している。太田（2011）は「幼児期の障がい診断の有無と保育の在り方をめぐって」で、保護者の障がい受容を待たずに子どもへの必要な支援が行えるような保育制度の仕組みが必要と訴えている。矢萩（2011）は「保育者・介助員・観察者の協働による包括的な保育の試み」で、個別の配慮が必要な幼児を受け入れて行う包括的な保育では、クラス担任の他に介助員が配置されているが、介助員の担当幼児への援助の仕方についての悩みがあり、そうした問題への対応として、観察者が担任保育者と介助員との連携や共通理解をつなぐ役割を果たすことで相互の理解が生まれたと報告している。茂井（2011）は「インクルーシブ保育実践におけるICF-CY の活用」で、ICF-CY（国際生活機能分類児童版）の活用が保育の細かい支援を理解するうえで役立つと報告している。鶴田（2011）は「包括的な保育者を目指して、インクルーシブ保育を考える」において、発達障がいのある2歳の幼児を対象として、クラスの友達との関わりを保育者が仲立ちをしながら、きめ細かい支援を行ったところ、関わりをもつことができたと報告している。本田（2011）は「障がいのある子どもを包括する保育の実践の方向を探る（22）」で、保・幼・小の連続性を大切にする観点から一人ひとりの成長の記録や発見を交差させ、保・幼・小の協力をしながら子どもの理解を深めることが重要だと報告した。渡辺（2011）は「障がいのある子どもを包括する保育実践の方向を探る（23）」で、自閉症と診断された H 男は、初めは泣いて幼稚園のクラスに入れなかったが、運動会にクラスの子どもたちと一緒に参加してから、クラスでの活動に参加できるように変化したと報告した。

　2012 年の日本保育学会では、自主シンポジウムで、小山・太田（2012）の「一人ひとりを大切にする保育、インクルーシブ保育の実践」は、子どもに障がいがあるかないかではなく、保育者がどの子どもも違いがあることを自然に当たり前に受け入れることができるような保育環境をつくることが大切であり、インクルーシブ保育のよさとして、一緒に過ごすと障がいのある子どもやいろいろな個性の子どもがいることに気づいて、互いに理解して助け合いができるようになると報告した。

第3章　我が国における統合保育の実情と問題点及びインクルーシブ保育の研究と課題

　芹澤・五十嵐（2012）は、保育現場でインクルージョンを行うには、発達障がいの子どもを見つけて個別支援を行うことが必要と思われているが、それはその子ども集団から排除することになりかねず、障がい児担当保育者が孤立することが危惧されると報告した。また統合保育＝インクルージョンではないことを指摘した。渡辺（2012）は「障がいのある子どもを包括する保育実践の方向を探る（24）」で、障がいのある子どもを含め個々の子どもに寄り添って、一人ひとりの子どもの抱えている葛藤や課題に共感して共に乗り越えていくことが保育者に必要であると報告している。若月（2012）は「障がいのある子どもを包括する保育実践の方向を探る（25）」で、TEACCH のプログラムでは視覚的な環境や構造化した環境が求められるが、そうした環境は子どもの環境としてはふさわしくない、子どもが自ら主体的に環境を構造化していくプロセスを大事にしたい、野本（2012）は「どの子にもうれしい保育の研究（3）」で、障がいのある子どもの保育での悩みはこれまでの保育の枠組みを見直す新たな保育の課題と捉える保育者の視点が大事であると報告した。大野（2012）は「インクルーシブ保育を私立幼稚園で実践するうえでの課題」で、保育者が障がいのある子どもの保護者との連携に困難を感じている例が少なからずあると報告している。河合・小山（2013b）は「インクルーシブ保育に関する研究（5）―保育者の意識について―」で、障がい児のケアとクラスの子どもの保育の両立の葛藤で苦しんでいる保育者の意識から、障がい児を含めたすべての子どもを巻き込む保育が楽しいという意識まで、幅広い意識があることを示した。根本（2012）は「集団生活が苦手な子どもの育ちと支援」で、障がいのある子どもが幼稚園を好きになった理由として、①友達ができたこと、②本人の意志の尊重、③周囲の保護者の理解・協力の3点をあげた。堀（2012）は「インクルーシブ保育の実践研究（2）」で、①個別の対応、②友達関係づくりの対応、③クラスづくりの対応、④保育環境整備の4つの手立てが必要であると提案した。斉藤（2012）は「韓国における特別支援保育の先駆的実践」で、韓国のインクルーシブ保育を実施している保育所を訪問し、障がい児の保育を担当する保育者と言語療法士や作業療法士の常勤スタッフの配置があり、障が

い児は健常児との通常の保育を受けながらも、療育スタッフにより IEP を作成し実施していることを報告した。日本では、療育スタッフを保育者と同様に常勤スタッフとして配置してインクルーシブ保育を行う保育所はないと思われるが、このような保育を行うことが一般の保育所では不可能で、実施するにはインクルーシブ保育に対する韓国政府の経済的措置があると思われるということである。小林（2012）の「発達障がい児を含むクラスにおけるゲーム遊びの意義（1）」及び小松（2012）の「発達障がい児を含むクラスにおけるゲーム遊びの意義（2）」では、広汎性発達障がいを含む 5 歳児のクラスでルールのある集団ゲームとしてボールを用いたゲーム遊びを行い、対象となった広汎性発達障がいの幼児は他児にパスを回したり、他児のゴールを喜んだり、協力的な行動がとれるようになったと報告された。平林（2012）は「障がいを理解するための『絵本』制作の試み」で、幼児の障がい理解のために絵本を制作して幼児に読み聞かせを行ったところ、違うことにより仲間外れにしないで仲よくしていくことを理解する手助けになったと報告。西山（2012）は「『どの子にも』と『その子には』のはざまで」で、応用行動分析を学び始めた幼稚園の園長が、これを保育の視点で「その子」への支援に用いることには新しい葛藤が生まれたと述べている。石川（2012）の「インクルーシブ保育実践における ICF-CY の活用②」では、幼児に対して環境因子の重要性に気づき、細かい視点の意味を理解するうえで有効であり、個に適した援助行動に関する気づきになるなど、ICF-CY 活用の有効性が報告された。三輪（2012）は「どの子にもうれしい保育の実現を目指す実践的研究（3）」で、インクルーシブ保育では専門機関の訓練方法に対応できないので、保育の専門性が必要になると報告。柴田（2012）の「どの子にもうれしい保育の実現を目指す実践的研究（4）」では、インクルーシブ保育を実践している幼稚園同士が研究会のなかで、互いの保育内容について保育者同士で討議したことが保育の質を高めたと報告。田島（2012）は「障がいのある子どもの保育を考える」で、1970 年代の保育の歴史を振り返り、障がいのある子どもだけに焦点をあてるのではなく、その子どもを含む生活の場を大切にすることが議論されてきたとして、子どもにとって

第 3 章　我が国における統合保育の実情と問題点及びインクルーシブ保育の研究と課題

生きやすい場をつくることが保育の重要な役割になると報告。矢萩（2012）は「保育者・介助員・観察者の協働による包括的な保育の試み（2）」で、一人ひとりの子どものニーズに応じるには、子どもの姿や変化・発達を共有し合い、子どもたちから学ぼうという共通の思いをもつ仲間のなかで、介助員・保育者・観察者の関係が一つのチームとして動くことの大切さを報告している。

3）日本保育学会の『保育学研究』の分析

　日本保育学会の学術雑誌『保育学研究』に掲載された 2007 ～ 17 年のインクルーシブ保育に関する論文数は、Fig. 3.1 のようになっている。ほぼ毎年 1 本の論文が掲載されていて、大きな関心のあるテーマであると考えられる。2013年の掲載論文数が大幅に増加したのは、「保育と特別支援」という特集が組まれたためである。

　『保育学研究』に掲載された論文を取り上げて検討してみよう。2009 年は、柴崎（2009）「特別な支援を必要とする乳幼児の保育に関する最近の動向」のなかで、保育現場では、障がい児保育、統合保育、特別支援教育及びインクルージョンと用語や概念をめぐる混乱がみられる。また発達障がいという用語は、自閉症・アスペルガー症候群その他の広汎性発達障がい、学習障がい、注意欠陥多動性障がいを含んでいるが、この用語のわかりにくさが保育現場に混乱を招いていると指摘する一方で、「気になる子ども」という言葉が保育現場に与えた問題として、発達障がいと同一に扱われることを指摘している。インクルーシブ保育実践の内容については、障がい児を対象化して社会に適応できるように改善するための配慮の保育から、共に生きていく存在としてクラスの仲間との関係を構築し、共に生活や文化を享受していく仲間として保育していくことを指摘している。湯澤（2010）の「仲間とともに育つ─アスペルガー症

Tab. 3.1　特別支援保育とインクルーシブ保育の論文

年	2007	2008	2009	2010	2011	2012	2013	2014	2015	2016	2017
論文数	0	0	1	2	1	1	10	1	1	1	2

候群の子どもの体験と成長─」では、アスペルガー症候群のA君とクラスの仲間との関係をつくるために、保育者がA君の交通標識へのこだわりを生かした遊びを周りの子どもたちとのつながりをつくるために支援したことで、A君の遊びの体験が周りの子どもにも共有されて広がったと報告している。また、おやつの時間にC君の隣に座りたいというA君の思いがある一方で、C君はD君と一緒に座りたいというような葛藤場面では、A君の思いをどうすればよいかをクラスの仲間に問いかけてみんなで考えるという場面を設定し、A君の思いをクラスの仲間に伝える一方で、他の子どもにもA君とは違う思いがあることを伝え、他者の気持ちを読み取ることが苦手なA君の心の理論の発達に寄与する保育者の行動が大切であると指摘している。杉田（2010）では「あきらくんニュース」を媒介とした統合保育における関係の輪の広がりについて報告している。「あきらくんニュース」は、てんかんをもつあきら君とあきら君の担当保育者（加配保育士）との様子を同僚の保育者やあきら君の保護者に知らせ、あきら君を理解してほしいという動機づけから担当保育者によって発行されたものだが、あきら君と他の子どもたちとの生活の様子が伝わってくる内容でもあるので、クラスの子どもたちの保護者全員に配布することになった。そのことにより同僚のあきら君への意識も高まって積極的に関わるようになり、クラスの子どもの保護者にも理解の輪が広がった。このエピソードを通じて杉田は、障がいのある子どもの発達支援も大切であるが、障がいのある子どもがクラスにいる意味を周囲に伝えていく取り組みが重要であることを指摘している。

　ポーター（2011）の「高機能自閉症児のこだわりを生かす保育実践─プロジェクト・アプローチを手がかりに─」は、自閉症児のこだわりを生かした教育的支援方法としてプロジェクト・アプローチをポーター自身の子どもに適用した事例研究である。プロジェクト・アプローチは、①導入：その子の興味あるテーマの選定（電車）、②展開：テーマに関する情報収集や製作活動、③結論：周りの人との共有の3つのプロセスからなるが、Helm（2003）は、障がいをもつ幼児が自分のこだわりのあるトピックについて深く学ぶ機会が与えられ

ていることで、発達や学習を促すだけでなく、自己に対する肯定的な感情が生まれると報告している。このプロジェクト・アプローチは、自閉症児のようなこだわりを、テーマをベースにして、クラス全体でのアプローチへと発展させることも可能である。このことにより、障がい幼児と周りの子どもたちの豊かな成長につながることが考えられる。木曽（2012）は、保育士の困り感の軽減に焦点をあてた研究が、特別支援の保育における子どもの問題の肥大化により蓄積されていくものの、保育士が保育を子どもに合わせることで子どもの問題が縮小して困り感が軽減していくことが明らかになったと報告している。松井（2013）は、特別支援学校幼稚部の遊びを分析して、障がいのある子どもを含むすべての子どもが充実した遊びを行うためには以下のことが必要であるという提言を行った。①障がい特性論からの脱却、②個々の子どもの遊びの構えに着目すること、③遊びこむための構造化を考えること、④集団のノリを生むための教師の役割を振り返ることである。田中（2013）は、日本における障がい児保育を先駆的に行っていた東京都内の2つの私立幼稚園「葛飾こどもの園幼稚園」「杉並教会幼稚園」の聞き取り調査から、園内支援体制に注目し、以下の点を明らかにした。①障がい児保育の契機は保護者の要求から受け入れを開始したこと、②障がい児の保育は、今までの一斉保育からすべての幼児への保育を充実させることにつながった、③障がい幼児を含む集団で保育・支援がなされる園全体の「園内支援体制」へと改革がなされた。近藤・山本（2013）は、自閉症スペクトラム幼児の発達支援の方法として集団での絵本の読み聞かせを毎日同じ時間に同じスタイルで行って、わかりやすく、できてほめられてうれしい場面を集団のなかにつくり、そばにいる特定の大人と意識的に三項関係をつくり、注意や情動を共有できることの重要性を指摘した。浜谷ら（2013）は、年長クラスの特別支援対象児が友達から排除された状態からインクルーシブな状態になるまでの、他の子どもたちとの友達関係の変容、関係改善に向けての保育者の取り組みを事例研究で明らかにした。そこでは、多様な活動を提供して友達関係に揺さぶりをかける担任の普段の姿勢が重要であることが示された。藤原（2013）は、発達障がい児に対する保育実践能力について、障がい

児保育を経験した保育士に質問紙調査を行い、コーディネート能力、専門性、園内連携、周知、学校との連携、支援技術、専門性の向上などのカテゴリーを分析した。真鍋（2013）は、障がい児保育の個別支援計画作成において、アセスメントから目標設定までのプロセスに保育者と外部支援者の双方が協力して「保育者のニーズ」と「幼児のニーズ」の丁寧な摺り合わせを行うことが重要であると指摘した。守ら（2013）は、保育現場への専門家によるコンサルテーションにおいて、①専門家による保育者の焦燥感の引き受け、②行動の意味の言語化、③保育者の主体的な判断の促しと選択の余地の設定が協働的な関係づくりを成功させる要因として重要であると指摘している。阿部（2013）は、保育士の気になる子どもの保育に対する保育感を高めるための巡回相談のあり方を検討するために、保育者による協議主体型の問題解決思考コンサルテーション（PANPS）システムを開発して、巡回相談で活用した。保育者へのアンケート調査の結果、PANPSシステムが保育者の気になる子どもへの保育効力感を向上させ、気になる子どもへの支援体制づくりに寄与できるツールなることが示された。佐藤（2013）は、特別な支援を必要とする子どもの保育所から小学校への移行について、対象となる男児、保護者、保育者、小学校教諭の三者の語りを分析して就学移行期の実態を明らかにすることを試みた。その結果、男児に対して異なる見方をしていること、小学校での学習環境に困難さがあったこと、保護者との関係性において、保育者と小学校教諭では差異があったことが浮かび上がった。木曽（2013）は、発達障がいの傾向がある子どもの人数や発達障がいに関する知識と保育士のバーンアウトとの関係を明らかにするため、607名の保育士にアンケート調査を行い、未診断である発達障がいの子どもと保育士の発達障がいの知識とクラスの担任保育士の数が、保育士のバーンアウトに影響していることがわかった。

　池田（2014）は、特別な支援を必要とする子どもの仲間関係の発達に関する事例的検討をして、①特別な支援を要する子どもと他児は、同じ身体の状態をもつことや意図して互いに同じ動きをすることを通して、仲間関係の基盤をつくっていく、②共に過ごすなかで協同した身体の動きによって関わり合うよう

になることを明らかにし、結果としてその関係は深まって一体化し、心でつながるようになることを示した。松井ら（2015）は、障がい児保育の経験のある22名の保育者にインタービュー調査を行い、実践がユニバーサル化していくためには、「安心できるように見守る」「クラスの雰囲気を大切にする」「ずっと同じパターンではうまくいくはずがない」など保育の基本である丁寧な子どもの理解による実践が重要であると強調している。木曽（2016）が、未診断の発達障がいの子どもの保育において、保育士の心理的負担につながる要因を分析したところ、子どもの保護者に対しての問題伝達の困難性が、情緒的消耗感、脱人格化と正の関係を示した。一方、子どもの行動特徴は保育士の心理的負担にはならず、むしろ保護者への子どもの課題を伝えることが心理的負担になるようである。

　垂水・橋本（2017）は、保育所における特別な支援の受容と保育現場の変容過程を分析し、従来の研究では特別な支援の受容に伴い保育者の個人的負担が生じると報告されているが、特別な支援の積極的な受容により園内の雰囲気の良化や新たな仕組みの形成がみられ、子ども一人ひとりの姿を捉え、それぞれのニーズに応えられているかという観点から保育を再検討する機会が、保育所の組織全体の変容の萌芽につながったのではないかと指摘した。堀（2017）は「インクルーシブ保育の意義とその実践上の課題」のなかで、インクルーシブ保育が登場した意義は、これまでの保育の問い直しを求めていることにあると指摘した。これまでは、保育者の思うように子どもを育てていたのであるが、障がいのある子どもたちが入所してきて改めてこれまでの保育が保育者中心の保育であったことを自覚し、障がいある子も含めて、どの子どもも一人の人間として自分で考え行動していたのだと保育者が気づかされたことにインクルーシブ保育の意義があると述べた。そのうえで、堀はインクルーシブ保育の意義として以下の4点をあげた。

　①子どもを保育の主体とみること
　②主体者である子ども自身のニーズを尊重すること

③多様性を尊重すること

④インクルーシブ保育の実践につながる社会環境をつくり出すこと。インクルーシブ保育・教育は CBR（Community Based Rehabilitation）の考え方に基づいた取り組みをすること

　CBR については肥後（2003）の「地域社会に根ざしたリハビリテーション（CBR）からの日本の教育への示唆」を参照されたい。

3・7　特別支援教育制度とインクルーシブ保育

　平成 19（2007）年より「学校教育法等の一部を改正する法律」が施行され、特別支援教育が制度化された。それに伴い幼稚園教育要領や保育所保育指針も一部改訂された。ここでその一部を紹介する。

「幼稚園教育要領第 3 章　第 1 - 2」
　障がいのある幼児の指導にあたっては、集団のなかで生活することを通じて、全体的な発達を促していくことに配慮し、特別支援学校などの助言をまたは援助を活用しつつ、例えば、指導については計画または家庭や医療、福祉などの業務を行う関係機関と連携した支援のための計画を個別に作成することにより、個々の幼児の障がいの状態に応じた指導内容や指導方法の工夫を計画的に組織的に行うこと。
「保育所保育指針第 4 章　保育の計画及び評価 1 -（3）障がいのある子どもの保育」
ア）障がいのある子どもの保育については、一人一人の子どもの発達の過程や障がいの状態を把握し、適切な環境の下で、障がいのある子どもが他の子どもとの生活を通じて、共に成長できるよう、指導計画のなかに位置づけること。また子どもの状態に応じた保育を実施する観点から、家庭や関係機関と連携した支援のための計画を個別に作成するなどの適切な対応を

第3章　我が国における統合保育の実情と問題点及びインクルーシブ保育の研究と課題

　　図ること。

イ）保育の展開にあたっては、その子どもの発達の状況や日々の状態によっ
　　ては、指導計画にとらわれず、柔軟に保育したり、職員の連携体制のなか
　　で個別的な関わりが十分に行えるようにすること。

ウ）家庭との連携を密にして、保護者との相互理解を図りながら、適切に対
　　応すること。

エ）専門機関との連携を図り、必要に応じて助言等を得ること。

（渡部ら 2009, p.161-162）

　以上の点から、障がいのある子どもの保育を進めるにあたり、保育所保育指
針、幼稚園教育要領の指摘するポイントは、第1に個別の指導計画と支援計画
の作成、第2に保護者支援と家庭との連携、第3に専門機関と小学校との連携
が必要であるということである。こうした特別支援教育制度の考え方が障がい
児保育にも浸透してきたことは、一人の障がい児に個別的に対応することの大
切さを幼稚園全体で認識するうえで一歩前進とも思われるが、幼稚園や保育所
における障がい児保育という枠で捉えられており、インクルーシブ保育にはま
だ距離があると考えられる。今後はさらにインクルーシブ保育が展開できるよ
うな具体的な理念や支援制度が望まれる。堀・橋本（2010）は、障がい児を受
け入れインクルーシブ保育を行うことは、従来の保育を見直しすることになる
と指摘し、障がい児保育という特別な保育があるのではなく、保育者の保育観
を根本から問い直す転換を迫られる保育がインクルーシブ保育であると述べて
いる。また赤木（2013）は、障がいのある子の保育では保育者の関心が障がい
の特性や個別の支援に向かい、本来保育者が大切にしてきた保育観、子ども観
を忘れてしまうことを懸念して、楽しい保育を創造しようと提案している。

3・8　これからのインクルーシブ保育の方法

　本節では、インクルーシブ保育の方法として有効と考えられるものをいくつ

かあげて検討する。

1）「埋め込み型指導法」

金・園山（2010）は、米国での統合保育の実践方法として ABI（Activity-Based Interventions）と Building Blocks モデルを中心に埋め込み型指導法を紹介し、日本でのインクルーシブ保育への保育方法として示唆している。「埋め込み（embedding）型指導法」とは、保育場面において、幼児にとって意味ある活動、かつ好みの活動を活用し、個別の標的目標を練習する機会を設定するプロセスを意味する（Pretti-Frontczak & Bricker 2004）。この埋め込み型指導法から得られた知見は、以下の通りである。①保育者が実施可能で、目標選定及び具体的な手立てを立案していくために使用可能なアセスメントツールの開発である。②質の高い統合保育を実施するための具体的な指導法の適用である。③支援計画の立案に役立つフォーマットの開発である。④各種研修会を通じて保育者の専門性を向上させる具体的な方法の開発が必要である。また金・園山（2008）は、文科省の調査協力事業の対象となった公立幼稚園 41 園を対象に「個別指導計画についてのアンケート調査」を行い、多くの園では個別指導計画が作成されているが、収集されたアセスメントの情報から支援案を作成するためのマニュアルの開発、個別支援計画の作成や評価に保護者を参加させる工夫、幼稚園教諭の障がい児保育に関する技術の向上や専門機関との連携や研修の充実などが必要と指摘している。

七木田（2011）は「活動に根ざした早期介入アプローチの開発─新しい障がい幼児の指導─」で、米国におけるインクルーシブ保育の方法として ABI アプローチについて触れ、子どもの自発性を尊重しながら応用行動分析に基づき介入を図る技法、自然なアプローチとされる技法を紹介している。

Building Blocks Model とは、真鍋・七木田（2010）によれば、ワシントン大学の Sandall らをはじめとする研究者により開発された地域の幼稚園や保育所での特別なニーズのある幼児のインクルーシブ保育の成功と発達保障を目的とし、すべての子どもの参加・学習・成長を促進させることが狙いである。

この方法は以下の4つの要素からなっている。

①質の高い幼児教育プログラム

すべての子どもにとって保育の質が高いものであること。具体的には「十分にやりとりが行われる環境」「子どもにとって応答的で予測可能な環境」「多くの学習機会」「安全で衛生的な活動」「家族の関与」などの項目が満たされる環境である。

②保育カリキュラムの修正・調整

子どもの参加を最大限に高める既存のクラスの活動や物品などを変化させることである。子どもが現在の活動に興味をもっているにもかかわらず、（障がいのために）十分参加できないときには、カリキュラムの修正が行われる。

③埋め込まれた学習機会（ELO: Embedded Learning Opportunities）

カリキュラムの修正は、子どもの活動の参加を高めることにより既存のカリキュラムでの学習・発達を期待するものであるが、特別なニーズのある幼児のもてる力を発揮することが不十分なときに、埋め込まれた学習機会（ELO）は、その子どものIEPで決められた目標を埋め込む（Embedded）という方略をとるものである。

④個々の子どもに焦点化された教育方法

個々の子どもの目標や学習上のニーズが優先され、ときにはその目標を成功させるために保育計画や保育活動を変えるということもある。具体的には応用行動分析に基づいた介入が保育のなかで計画的に行われる。

この Building Blocks Model は IEP に記載された個別目標を保育現場で扱っていく方法を具体的に示している。そして、この方法は特別なニーズのある幼児の参加支援と発達支援を促進する。

2)「状況に埋め込まれた学習」

渡部（2001）は、訪れた保育所で5歳の重度の自閉症児の太郎君が子どもたちのなかでとても上手に踊っている姿を見て驚いた経験をもとに考察している。この太郎君の「太鼓踊り」を取り上げて、障がい児と保育者の1対1で踊

りの指導を受けるよりも、子どもたちの集団のなかで太鼓踊りを学ぶことが、太郎君にとって心地よい学びになっているのではなかろうかと説明する。大事なことは、子ども同士のよいコミュニケーションが成立している共同体のなかでしか学ぶことができない「状況に埋め込まれた学習」があるということである。太郎君にとって子どもたちの集団が居心地がよい、楽しいと感じているからこそ、そこでしかできない学びがあるということである。コミュニケーションが苦手な子どもたちは、よいコミュニケーションが成立している共同体でしか学ぶことができないので、そのなかで行われる「埋め込まれた学習」が大事である。障がい児保育・教育には個別指導という伝統的な指導法があるが、障がい児に踊りを指導する場合には、スモールステップで身体の動かし方を系統的に教えていく方法がある。これは教える側からのいかに学習をさせるかという視点であって、学ぶ側の視点が抜けている。保育者と1対1で踊りを学びたいならともかく、太郎君に踊りたいという気持ちがあるなら、集団のなかで踊るのは彼にとって楽しい学びになる。自閉症の場合は般化困難という問題があり、実験室や教室で学習しても、それが他の場面ではできなくなってしまう。それゆえ、自閉症児は行動レパートリーが拡大せず、ワンパターンであるといわれている。しかし、これは自閉症の般化困難ではなく、学習状況の問題であるとも考えられる。このように考えると、従来の認知学習で有効とされてきた個別指導による学習は、状況的学習からいえば多くの問題を抱えていると思われる。状況的学習論の立場からすると、学習はすべて状況に埋め込まれているということになる。例にあげた太郎君の踊りの学習は、1対1の個別指導よりも子ども集団のなかでの学習が有効であったということである。

　こうした状況に埋め込まれた学習を初めに提唱したのは、レイブとウェンガー（Lave & Wenger 1991）である。レイブは、「状況に埋め込まれる」という特性は、学習・想起・理解において中心となる事実であり、人間の心が社会状況のなかで発達するということを示している。彼は状況による学習を「正統的周辺参加」という言葉で説明する。正統的周辺参加とは、ゆるやかな条件のもとで実際に仕事の過程に従事することによって業務を遂行する技能を獲得して

第 3 章　我が国における統合保育の実情と問題点及びインクルーシブ保育の研究と課題

いくことである。彼はアフリカのゴラ族の仕立て屋の手工業徒弟制度を研究・観察してある疑問を抱いた。「日常の仕立て屋作業で、ことさら教え込まれたり、試験を受けたり、機械的な模倣をするということなしに、どうして徒弟が技能に優れた仕立て屋になっていくのか」という問いである。そういう意味では、子どもたちは大人の現実社会におけるまがうことなき正統的周辺参加者である。また認知科学者の佐伯（1993）は、学習とは人々と共同で、社会でコトを始め、何かをつくり出すという実践のなかでやっていることであるから、学習だけを社会実践の文脈から取り出して、独自の目標とするべきではないと指摘している。

　渡部（2001）の指摘する状況に埋め込まれた学習は、従来の障がい児教育で伝統的に行われた個別指導という学習方法を子どもがいかに学ぶかという学びという視点で捉え直したときに、インパクトのある指摘となるのではなかろうか。統合保育やインクルーシブ保育では、専門家の助言を受け、保育者が障がい児に個別指導を行っている姿がある。こうした保育方法は、子どもを子どもたちの集団から切り離して必要な要素を学習させているという意味で、子どもたちの集団のなかでの相互作用や学びを障害児から奪ってしまっている可能性もあり、今後は状況に埋め込まれた学習を考えて、保育方法を見直していかなければならないと思われる。

3）障がい児の特性を生かした支援

　湯澤（2010）は、アスペルガー症候群のA君とクラスの仲間との関係をつくるために、保育者がA君の交通標識へのこだわりを生かした遊びを周りの子どもたちとのつながりをつくるために支援したことで、A君の遊びの体験が周りの子どもにも共有されて広がったと報告している。保育者の信頼関係を土台にして、保育者はアスペルガー症候群の特性を生かした支援を試みている。ブルーナーは『教育という文化』のなかで、「知識や技術の伝達は、人間の行うどのような交換とも同じく、そこに相互に作用し合う一つの小コミュニティが携わって、学習者も互いに他者の足場になり合うことを意味する」と述べて

いる（湯澤 2010 の引用より）。

　保育者は A 君と周りの子どもたちをつなぎ、そこに共有体験を生み出すことによって、子どもたちは成長し発達していたのである。特別な支援が必要な子どもたちの保育においては、特にこうした支援のあり方が検討されるべきだと湯澤は指摘している。また藤田・青山ら（1998）の「長所活用型指導で子どもが変わる」で、障がい児の学習方法として、短所改善型より長所活用型が提唱されている。この障がい児の特性（長所）を生かした支援は、まさに彼らのこだわりという特性を生かした支援である。

4）プロジェクト・アプローチ

　自閉症特有の行動特徴として、反復的で常同的な行動様式があげられるが、この特定のものや状況への固着は、「こだわり行動」といわれている。この行動は通常ネガティブな意味合いで捉えられていることが多い。しかし近年、自閉症のこだわりを制止するのではなく、その気持ちを理解し受け入れて、どのように生かしていくかについての研究が報告されている（高橋 1992, 深代 2002, 湯澤 2010）。米国では 2000 年初頭より、プロジェクト・アプローチと称して、子どもたちの興味をもつトピックをより深く探究する幼児教育の方法が開発されてきた（ポーター 2008）。その方法は、①子どもの興味や関心に基づいてトピックを選定する、②調査を通じて子どもたちがそのトピックについて経験・学習・知識を深める、③学んだことをドキュメンテーション（記録文書）を通じて周りに伝達する。そしてそのプロセスは、導入・展開・結論という 3 つの段階からなる。

　例えば伊藤（2004）は、プロジェクト・アプローチを文字にこだわりをもつ自閉的な幼児に適用し、保育者が仲立ちすることで文字への興味を友達と交流できる遊びへと発展させていった例を報告している。ポーター（2011）は電車に特別な興味を示す高機能自閉症の息子に対し、プロジェクト・アプローチを用いてその有効性を検討した結果、電車へのこだわりを目的に発展させたことにより、こだわりは穏やかになり、電車以外のテーマについても興味関心をも

つようになって、成長が感じられたと報告している。

5）多様な保育支援

　インクルーシブ保育を実践するには、多様な保育支援が必要である。以下の方法は研究対象園のインクルーシブ保育の方法であり、日本保育学会での口頭発表である。

　鶴巻ら（2010）は「配慮を要する子を含めたより柔軟な保育内容の検討」で、インクルーシブ保育においては、障がいのある子どもを含めた小グループ活動をしながら保育者と密な関わりをしていくことで、障がいのある子どもが安定して他の子どもたちとも関わるようになると報告している。

　小山ら（2010）は「インクルーシブ保育に関する研究（3）」で、自閉症のA児に対し保育者が仲立ちとなって他の子どもと遊ぶ場面をつくっていくなかで、A児もクラスの子どもたちと関わるようになり、保育者もA児を肯定的にみるようになったことで、クラスの仲間も彼を受け入れるようになったと報告。加藤（2011）は「配慮を要する子どもを含めたより柔軟な保育内容の検討Ⅱ」で、小グループ活動やコーナー活動、障がい幼児を中心としたグループ活動などを通して、障がい幼児も健常幼児も共に育つことを目標として保育を行っていると報告している。研究対象園のインクルーシブ保育では次のような多様な保育形態をとっている。

①障がいのある子どもを含む小グループ活動（自由遊びの時間に行われる活動）
②コーナー活動
③異年齢クラスの活動
④同年齢クラスの活動
⑤体験活動（林間保育、山登り、運動会、稲刈り、地引網、スケート教室など）
⑥個別的な配慮（個別プログラムの作成と実施）
⑦保育方法・保育プログラムの見直し
⑧保育者同士の連携や協力

多様な保育形態をとっているのは、幼稚園の保育が一人ひとりの子どもを大切にし、どの子どもにも合う保育を行うため、いろいろな保育ニーズに対応した保育活動が必要と考えているからである。

①**障がいのある子どもを含む小グループ活動**

　障がいをもっている子どもたちが無理なく集団のなかで行動できるように設定された活動。毎日1時間、コーナー活動、身体を動かす活動、少人数のグループ活動を行う。保育者数名が数名の障がいのある子どもと濃密に関わる。ただし、障がいがある子どもが必ずこのグループ活動に入るという決まりはなく、自分のクラスの子どもと遊んでもいいし、自分でやりたい活動を選べる。

②**コーナー活動**

　登園するとコーナーでの遊びが始まる。子どもたちは自由にどのコーナーでも遊べる。保育者もコーナーでの遊びを期待して、素材や道具を置いたりして環境設定をして準備する。コーナー遊びの目的は、子どもの自発的な活動を育て、大人と子ども、子ども同士の関わりを育てることである。

コーナー活動の様子

　室内：ままごと（宇宙探検ごっ
　　こ、病院・郵便局ごっこ）、図画工作（空き箱、水彩画、粘土）、絵本、パズル、
　　積み木
　園庭：動物・植物の世話（鶏、チャボ、あひる、ウサギ、ザリガニ、メダカ、キュ
　　ウリ、トマト、朝顔）、鬼ごっこ、砂場、植物を使った色水、そのときの季
　　節の素材を生かした遊び、葉っぱやヤマゴボウを使ったジュース屋、固定
　　遊具、縄跳びなど

第3章　我が国における統合保育の実情と問題点及びインクルーシブ保育の研究と課題

③異年齢クラスの活動

3〜5歳の異年齢クラスでのさまざまな子どもたちとの保育は、発達の違いや個性の違いがあるため一斉保育はなじまない。さまざまな子どもがいるから、幅のあるいろいろな表現方法や遊びの展開が自然な保育になる。3〜5歳児の子どもがいることで、さまざまな教材・素材・道具・環境などが準備される。子どもたちにとって

異年齢クラスの活動の様子

は、いくつもの違った楽しみ方ができる保育になっている。3歳児が単純に遊べる遊びから、5歳児の仲間でイメージを共有してつくり上げる遊びまで、複数の活動が併行して展開される。年齢、個性、障がいの有無など、違いのある子どもたち各々が尊重されやすい雰囲気が醸成される。

④同年齢クラスの活動

同じ年齢の子どもたちが劇遊びや運動会、林間保育など、季節ごとの行事のときにクラスでまとまって活動する。例えば年長児だけの活動など。

⑤体験活動

例えば年長児は、自然を生かした保育として、毎年7月に宿泊して林間保育を行っている。親と離れて、2泊3日のスケジュールで山登りを体験する。3日間寝起きを共にして一緒に行動するので、仲間意識が育つことが期待されている。田植え、稲刈り、遠足、地引網及びスケート教室なども盛り

体験活動で地引網を引く

55

込まれている。

⑥個別的な配慮

　障がいのある子どもも含めて、一人ひとりの個別プログラムが学期ごとに作成されている。それに沿ってクラス担任や障がい児担当の保育者が障がい児に個別的な配慮をしている。たとえ短い時間でも、毎日、1対1で関わる時間をとり、子どもと保育者の人間関係を築くようにする。

⑦保育方法・保育プログラムの見直し

　障がいのある子どもが入園してきたら、その子どもが興味ある遊びをテーマにして他児が参加できる遊びを配慮し、子ども同士の相互作用が起こるようなプログラムを考えることが大事である。今までの保育プログラムを見直して、障がいのある子どもが無理なく参加できるような保育内容に変えていく。

⑧保育者同士の連携や協力

　クラス担任や副担任、障がい児担当者で話し合い、障がいのある幼児を障がい児担当者任せにしない。クラスの子どもたちを3グループに分けて保育者3人で分担し、グループ活動を行う。

6）インクルーシブ保育の4つの手立て

　堀（2010）は、インクルーシブ保育の実践には、4つの手立てが必要であると提唱している。

①個別の対応「この子への手立て」

　保育者の受け入れ、居場所づくり、子ども理解、他児との仲介役。

②仲間づくり

　子ども同士の仲間づくり、障がいのある子どもと健常児の関わりを育てる、グループ活動。

③クラスづくり

　クラス集団づくり、クラスの雰囲気を落ち着かせる、集団生活のへの参加、集団活動への参加（行事、遠足、運動会、誕生会など）。

④保育環境整備

①〜③の手立てが実現するような人的環境・物的環境など保育環境を整える。

7）保育者の意識や保育者の専門性

　山本（2006）は、160か所の保育所の保育者を対象にインクルーシブ保育についての意識調査を行い、230名の回答が得られた。その結果、保育者の自己評価が高かったのは、①子どもの行動観察、②記録、③計画であった。一方、自己評価が低かったのは、①インクルーシブ保育についての知識、②障がい児への援助方法やプログラムなど障がい特性に関する専門知識であった。この理由として、保育者養成のカリキュラムで障がい児保育の内容が概論程度にとどまり不十分であるという問題もあるが、保育現場においても障がい児保育の研修が十分に行われていないということも考えられる。従来は、外部の専門家や専門機関が保育所の巡回指導という制度で障がいのある子どもへの援助方法を取り入れているが、専門家の助言が有益である一方で、保育者の通常の保育活動で実施するにはなじみにくい指導法であるという問題もある（山本2006）。今後は障がいのある子どもと障がいのない子どもとの保育プログラムをどのように立案し、一人ひとりの子どもの発達をどのように促進させていくかについての研究が待たれると指摘している。石井（2010）は、保育におけるインクルージョンの進展が必然的な時代にあって、保育者自身が子どもたちの支援ニーズを的確に捉え、自信をもって保育実践に向かうことができるためには、保育者に焦点をあてた研究が必要であると指摘している。そのためには、障がい児保育の経験豊かな保育者がどのように保育しているか、どのようにして障がい児への対応を解決してきたか、子どもの障がい特性や発達にどのように柔軟に対応してきたか、どのように障がい児と健常児との社会的相互作用をつくってきたかなどを明らかにしていくことが重要である。

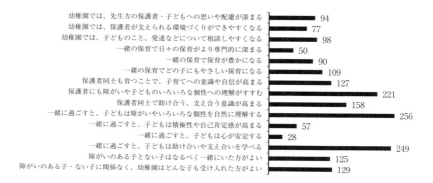

Fig. 3.2　インクルーシブ保育の効果（太田ら 2012）

3・9　インクルーシブ保育の効果

　太田ら（2012）や田村・根本（2014）は、インクルーシブ保育を実施している4つの幼稚園の保護者を対象とした意識調査（回答者数300名）の結果を次のようにまとめている。①インクルーシブ保育の効果についての質問に対して、「一緒に過ごすと、子どもは障がいやいろいろな個性を自然に理解する」が256名（82.3%）と 最も多く、「一緒に過ごすと、子どもは助け合いや支え合いを学べる」が249名（80.0%）、「保護者にも障がいやいろいろな個性への理解が進む」が221名（71.1%）、「障がいのある子・ない子に関係なく、幼稚園はどんな子も受け入れた方がよい」が129名（41.4%）であった。これにより、障がいのある子とない子が一緒に過ごす保育（インクルーシブ保育）の効果を8

第3章　我が国における統合保育の実情と問題点及びインクルーシブ保育の研究と課題

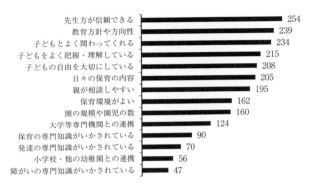

Fig. 3.3　所属幼稚園の保育のよさ（太田ら 2012）

割の保護者が認めていることが示された（Fig. 3.2）。また、②所属幼稚園の保育のよさについての質問に対しては、最も多かったのは「先生方が信頼できる」、続いて「教育方針や保育の方向性がよい」「子どもとよく関わってくれる」「子どものことをよく把握・理解している」「子どもの自由を大切にしている」「日々の保育の内容がよい」などがあげられた（Fig. 3.3）。インクルーシブ保育を実施している幼稚園の保護者は、先生に対する信頼感が高く、その教育方針に賛同しており、障がいのあるなしにかかわらず、自分の子どもを含めて一人ひとりにきめ細かく対応してくれているというところがよいという結果である。インクルーシブ保育を実施している幼稚園の保護者は、インクルーシブ保育のよさを認め、その効果に満足していることを示している。

3・10　インクルーシブ保育の方法についてのまとめ

　「埋め込み型指導法」「状況に埋め込まれた学習」「障がい児の特性を生かした支援」「プロジェクト・アプローチ」「多様な保育支援」「4つの保育の手立て」及び「保育者の専門性」などいろいろな保育方法や保育理論、さらには保育者の専門性なども議論されたが、応用行動分析に基づく「埋め込み型指導法」は、実際に保育の現場になじむにはハードルが高いと思われる。心理専門家の持ち込む心理技法は、保育者にとってそれを学んで用いるには容易ではない。しかし、米国のインクルーシブ保育施設には心理専門家も常勤スタッフで配置されているので、可能であるかもしれない。

　日本では、応用行動分析の手法を保育現場で使うより、保育になじんだ「状況に埋め込まれた学習」や「障がい児の特性を生かした支援」「プロジェクト・アプローチ」の方が浸透しやすいと思われる。「状況に埋め込まれ学習」では、障がい児に対して保育者が個別指導するよりも、障がい児が参加したいコミュニケーションがとれたグループや集団のなかでの模倣学習の方が獲得しやすいという指摘であった。またプロジェクト・アプローチは、日本でも就学前・学童期の総合学習の題材に頻繁に取り上げられるほど浸透している幼児教育法である。今後はこうした幼児教育法を背景にしたインクルーシブ保育が活発になってくると思われる。

第4章

統合保育の実践研究
—— 事例1及び事例2

4・1　研究目的と課題意識

　本研究の目的は、統合保育の効果とされる障がい児と健常児との社会的相互
作用を増大するための要因や保育者の要因を検討することである。社会性の障
がいがあり、幼稚園や保育所で健常児の仲間との相互作用が困難であると指摘
されている自閉的な幼児に焦点をあて、保育者とその自閉的な幼児との関わり
や保育活動を通じて、その自閉的な幼児と健常児の仲間との社会的相互作用の
頻度が高まるかどうかを観察する。また障がい児だけに注目するのではなく、
健常児にも焦点をあてる。障がい児と健常児との相互作用の研究は多いが、
健常児に焦点をあてた研究は少ないのが実情である。そうした点からも障がい
児のみならず、健常児にも焦点をあてて彼らの相互作用を中心とした検討も行
う。今後、我が国でも統合保育からインクルーシブ保育へのパラダイム転換を
迫られ、インクルーシブ保育に関する保育の実践的な研究が待たれている。本
研究では、統合保育における障がい児と健常児の社会的相互作用の要因と保育
者の要因を検討する。今後、インクルーシブ保育が我が国において展開してい
くうえでの基礎資料となることを目的としたい。
　本研究の背景として、小山・池田（1995）、小山（2003）の2つの研究を紹介
する。この2つの研究は、統合保育において自閉的な幼児と健常児の社会的相
互作用を高めるために、保育プログラムの実施や保育者の介入の必要性を検討
するために行われている。また障がい児と健常児との社会的相互作用の分析と

して健常児の分析も行っている。これらの研究は、本研究の背景や目的を考えるうえで必要と思われ、ここで一部を紹介する。統合保育の対象園の選択にあたっては、障がい児を受け入れている一般の保育所であり、障がい児の入所の際には保育所が公的な経費補助制度を利用し、保育所側でも障がい児としての対応がなされている保育所とした。

4・2　事例1

1）対象園

埼玉県公立S保育園（年齢別保育を実施）

2）対象児

A児：知的障がい、5歳、言語発達年齢2歳5か月、B児：自閉的幼児、5歳、言語発達年齢2歳8か月、ともに5歳児クラス（年齢は共に観察当時）

3）観察場面

自由遊び場面・設定遊び場面、各1時間（Tab. 4.1）

4）観察期間

平成○年4月〜12月

5）観察方法

保育場面を1時間VTRで記録し、15分間を分析の対象とした。観察・分析は2名で行い、分析の際は2名が一致した行動を分析の対象とした。

6）分析方法

対象児（A児、B児）から他者（保育者・他児）への関わり回数、他者から対象児への関わり回数、他者への関わり行動の内容（言語、身体接触、攻撃、要求

など）の分析などを行った。

7）5歳児クラスの構成員

　A児、B児（障がい児2名）、健常児10名、保育者2名（うち1名は障がい児担当の加配保育者）

8）結果

　自由遊び場面では障がい児と健常児との社会的相互作用はみられなかった。設定保育場面ではA児、B児とも健常児との社会的相互作用が多くみられた。また保育者とA児やB児との関わりが多くみられたのは、自由遊び場面ではなく設定保育場面である。設定遊びでは、「スケッチ」「ゲーム遊び」「誕生会」などのときにA児やB児と健常児との関わりに保育者が働きかけるなどをしていたので、関わりが多くみられた。一方、自由遊び場面では、保育者からのA児やB児に対する働きかけは設定保育に比べて少なく、したがって健常児との社会的相互作用もほとんどみられなかった。A児との関わりが多くみられたのはM君とO君である。特に、A児はM君のあとを追いかけるようについてまわった。M君はA児を拒否せず、結果としてA児はM君のグループに入って遊ぶことができた。B児はA児及びF子との関わりが多かった。設定保育場面では、A児を探して手をつなぐ場面があった。しかし、自由遊び場面では、F子がB児に関わろうとするが、相互的な関わりはあまりみられなかった。（Fig. 4.1、Fig. 4.2、Fig. 4.3、Fig. 4.4、Fig. 4.5、Fig. 4.6、Tab. 4.2）

9）考察

　統合保育では、障がい児と健常児との社会的相互作用を高めるには保育者の働きかけが重要であるが、観察の対象園では、障がい児と保育者との関わりが少なく、結果として、A児やB児と保育者との信頼関係が十分形成されていなかったと思われる。設定保育場面では保育者とA児やB児との関わりがみられたのに対し、自由遊び場面では保育者との関わりが少なく、担任も自分か

Tab. 4.1 観察スケジュール

A 児		B 児	
自由遊び (1)	5 月	自由遊び (1)	4 月
自由遊び (2)	6 月	自由遊び (2)	7 月
自由遊び (3)	11 月	自由遊び (3)	10 月
自由遊び (4)	12 月	自由遊び (4)	11 月
設定保育 (1)	7 月	設定保育 (1)	5 月
設定保育 (2)	9 月	設定保育 (2)	9 月
設定保育 (3)	10 月	設定保育 (3)	10 月
設定保育 (4)	11 月	設定保育 (4)	11 月

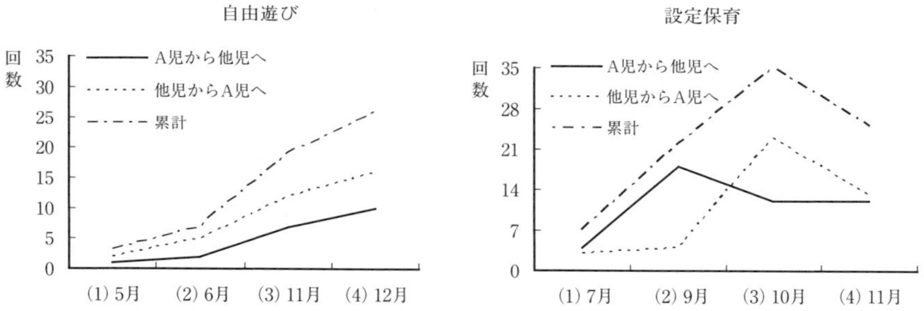

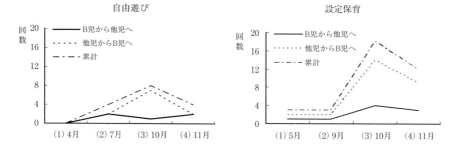

Fig. 4.1　保育場面ごとにみた A 児と他児の相互交渉回数

Fig. 4.2　保育場面ごとにみた B 児と他児の相互交渉回数

第4章 統合保育の実践研究——事例1及び事例2

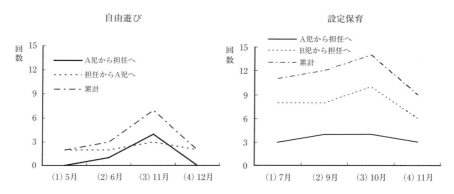

Fig. 4.3 保育場面ごとにみたA児と担任の相互交渉回数

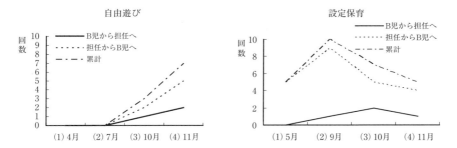

Fig. 4.4 保育場面ごとにみたB児と担任の相互交渉回数

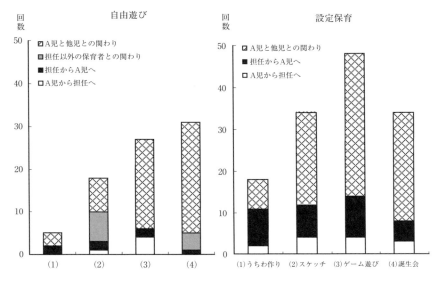

Fig. 4.5 担任とA児の関わりとA児と他児との関わり行動

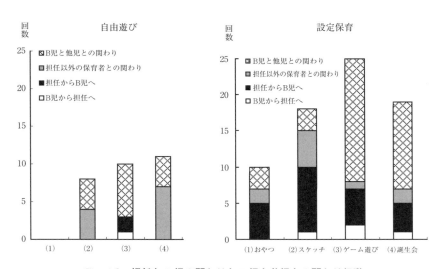

Fig. 4.6 担任とB児の関わりとB児と他児との関わり行動

第4章　統合保育の実践研究——事例1及び事例2

Tab. 4.2　A児やB児と関わりの多かった相手

A児と関わりの多かった相手

「M君」
Ep. 1　設定保育（2）　10月　園庭でのスケッチの場面
　　　A児は、スケッチのときは同じグループのM君の後にくっついて歩く。M君も嫌がる様子もなくA児の相手をしている。M君がスケッチの場所を変えるたびにA児も移動。
Ep. 2　自由遊び（4）　12月　園庭での外遊び
　　　M君が園庭で仲間と「だるまさんがころんだ」をしているので、A児もそんな仲間のなかに入っていく。その後、保育者（加配保母）の仲立ちでM君ら数人とA児とで砂山崩しをして遊ぶ。

「O君」
Ep. 3　設定保育（3）　10月　ゲーム遊び場面
　　　音楽に合わせて歩き、音楽が止まったら、近くにいる仲間と手をつなぐゲームをしていて、O君と手をつなぐ。イス取りゲームが始まるとA児はすぐに負けてしまい、他児がゲームをしているのをみていたが、O君も負けてしまい、A児の隣にO君も来て2人で一緒にみていた。
Ep. 4　自由遊び（3）　11月　室内
　　　初めM君と迷路で遊ぼうと、2人でその迷路マップを広げていたが、途中からO君が参加しようとしてA児に話しかける。A児は少しイヤな表情をみせ、その場から離れようとするが、一緒にやろうよというふうにA児の腕を引っ張り、一緒に遊び始める。

B児と関わりの多かった相手

「A児」
Ep. 5　設定保育（3）　10月　ゲーム遊び場面
　　　音楽に合わせて歩き、音楽がやんだときにそばにいる人と手をつなぐ場面では、どんなに離れていてもA児をみつけ、A児と手をつなぐことが多い。A児の後を追いかけている。他児と手をつなごうとすると拒否されてしまう。
Ep. 6　自由遊び（4）　11月　室内
　　　他児と迷路で遊んでいるA児のそばへ数回行く。しかし、A児からの反応はない。

「F子」
Ep. 7　自由遊び（3）　10月
　　　F子が寄ってきて、B児のそばに来てカメラの方をみてB児に何か話かける。その後B児を追いかけまわす。

（小山・池田1995所収）

らA児やB児に対して関わりを求めていたのか疑問の残る結果である。自由
遊び場面では、障がい児は何をしたらよいかわからずフラフラしていることも
みられた。このようなときこそ、保育者は彼らの個別的なニーズを配慮して対
応する必要があろう。統合保育において、障がい児と健常児との社会的相互作
用を生むためには、保育者が障がい児との関係をつくり、困ったときに頼れる
存在となり、健常児との関わりをつくるための媒介者となって、子ども同士
の関係をつくる役割を担う必要があろう。その点、今回の行動観察では、障が
い児との保育者との関係がみられず、残念な結果となった。統合保育では、障
がい児を受け入れるだけでは不十分で、保育者が障がい児との信頼関係をつく
り、保育所のなかの安全基地となり、障がい児と健常児との関わりにおける仲
介役となって社会的相互作用を高める働きをしないと、障がい児は健常児との
関係がつくれないことが示された。

4・3　事例2

1）研究目的

　統合保育を実践している保育所において、保育プログラムや保育形態、保育
者の関わりを工夫した実践を行い、その後の変化を自由保育場面での子どもた
ちの様子から観察し、障がいをもつ子どもや他の子どもたちの相互作用が促進
されているかを検討する。

2）方法

①研究対象園

　埼玉県公立K保育園。3歳・4歳・5歳の異年齢保育クラスの観察を始めた
年度から開始している。1クラス33名のうち1名の障がい児、保育者は2名。
保育形態はコーナー遊びを取り入れた自由遊びであるが、年齢別の活動もある。

②対象児

　C児：自閉症幼児、4歳5か月（観察当時）

第4章 統合保育の実践研究――事例1及び事例2

　検査時の生活年齢は4歳半で、基本的生活習慣は3歳台後半、手の運動、移動運動、対人関係、発語、言語理解は2歳台である。

ア）CARS（Childhood Autism Rating Scale：小児自閉症評定尺度）の合計点は41点で、S大学病院神経科で実施（平成□△年6月）、重度の自閉症と診断される。

イ）本児の様子：母親や保育者には接近して接触を求めたり、言葉や動作で訴えたりしていたが、他の幼児たちにはほとんど関心を示さず、他の幼児たちと同じ場所にいたり、行動を共にしたり、一緒に遊ぶという姿はみられなかった。自由遊び場面では教室の隅で一人座って玩具を回転させて眺めたり、砂遊びやパズルなどの一人遊びをしていることが多く、一人で教室内や庭を走りまわったり、長椅子や床に寝そべっている姿もみられた。日常生活においては、テレビのコマーシャルのセリフを大きな声で突然繰り返す、遅発性反響言語がみられた。また、場所の移動や生活リズムの変化に抵抗を示し、普段の生活パターンと異なった環境に適応できず、ときどきパニックあるいはかんしゃく発作を引き起こすことがあった。言葉を多くもってはいるが、コミュニケーションの道具には使用できない。このように自閉症に特徴的な行動がみられる。

ウ）成育歴：3歳時健診時に言葉の遅れを指摘され、その後、埼玉県内の大学病院で「自閉的傾向」と診断され、現在週1回の割合で言語外来に通院している。服薬歴はなし。身体合併症なし。

エ）保育歴：1歳6か月より埼玉県K市K保育所に入所。平成□△年4月の時点では4歳児として3・4・5歳児が一緒に在籍する異年齢クラスに在籍。

3）保育所の幼児

　平成□△年度は3歳児20名、4歳児28名、5歳児26名の計74名が在籍し、保育者が4名で2クラスに分かれる。翌年度は3歳時24名、4歳児22名、5歳児31名の計77名が在籍。約70名の幼児を2クラスに編成しており、

障がいをもつ幼児は2クラス中C児のみである。保育者は1クラス2名ずつの計4名。C児を主に担当している保育者はC児のクラス担任であり、平成□△年度から継続して担当している。

4）保育形態

観察を始めた平成□△年度4月から3・4・5歳児を一緒に保育する異年齢保育（縦割保育とも呼ばれている）を開始している。コーナー遊び（各コーナーにさまざまな遊びを取り入れ、各個人が好きに選択できるように配慮されたもの）を主とした自由保育であるが、定期的に年齢別の保育があり、全員での一斉保育も行っている。

5）介入保育プログラム

保育者が一定の指導目標をもって子どもたちの活動を計画・設定して行う場面を設定保育場面とし、そのなかで、保育者が意図的にC児と子どもたちとの社会的相互作用を形成するための介入保育プログラム（以後、介入プログラムと略す）を実施した。介入プログラムでは、音楽や保育者の声かけに対して身体表現をして、友達と一緒に組む遊びを3歳から5歳までの全員を対象に週1回約30分間、継続して実施した。この介入プログラムは、子ども同士の関わりをもてるように、障がいをもった子どもも、そうではない子どもも一緒に楽しく参加できるもので、保育者と筆者等で話し合って決めたものであり、障がいをもったC児や3歳児でも実施可能であり、遊びながら楽しめる人間形成ゲームである。

内容の具体例

・音楽や保育者の声かけに応じて、ウサギやカメなどの行動模倣をする。音楽に合わせて身体表現をする。

・子ども同士でペアになって「なべ、なべ、底抜け〜♪」などと歌いながら、手をつないでまわったりして、関わりをつくる。

また、保育者には介入プログラム中の配慮として、C児が孤立しないよう

に、C 児と他の幼児たちが関わりをもつように接してもらうこととした。

6）保育カンファレンス

定期的（約3か月に1度の割合）に筆者らと保育者との保育カンファレンスを実施した。そこではC 児や他の子どもたちの情報をもとに、保育者の関わり、保育プログラムについてスーパービジョンを行った。

7）観察期間、観察回数及び観察場面

①観察期間
平成□△年6月〜翌年10月

②観察回数
プログラム開始以前に2回、プログラム開始以降に13回、計15回（約1か月に1回の割合で観察を実施）

③観察場面・時間
保育所の園庭及び室内において、子どもたちが自発的に自由に遊んでいる自由保育場面のうち、午前中の遊び時間は10時から11時なので、その1時間をVTR 撮影した。

8）分析方法

①行動分析方法
VTR で記録した1時間のうち C 児と健常児との相互作用が多くみられた連続した15分間の分析を Tab. 4.3 に示した相互作用分析表をもとに、C 児と他児及び保育者の相互作用内容を分類した。この表は野田・田中（1993）の分類カテゴリーを参考に作成したものである。相互作用の集団を、言葉、接近、道具、模倣、接触、注視に分類し、それらにあてはまらない行動をその他として分類した。また、相互作用の内容は、指示や援助などを「肯定」、無視や拒否を「否定」、何もしない反応は「無反応」として分類し、それらの回数をカウントした。Action（働きかけ）においては Action を始めた人を、Response（反

Tab. 4.3　相互作用分析表

観察年月日　　年　　月　　日　No.

Action																	
手段	言　葉																
	接　近																
	道　具																
	模　倣																
	接　触																
	注　視																
	その他の行動																
内容	肯定	指　示															
		援　助															
		質　問															
		説　明															
		モデル提示															
		模　倣															
		服　従															
		受　容															
		承　認															
		励　ま　し															
		褒　め　る															
		友　好　的															
	否定	無　視															
		拒　否															
		乱暴・攻撃															
		無理・強引															
		注意・叱責															
	無　反　応																
Response																	
Termination																	
時　　間																	

応）においては Action を受けた人を記入した。Termination（終了）は相互作用を終了させた人を記入した。相互作用の測度については、本郷（1985）の測度を参考にして、以下のアからオのように規定し、それに基づいて測定した。

ア）Action：相手に対する直接的な働きかけ

イ）Response：相手の Action に対する反応、例えば「見る」「受け取る」などの行動

ウ）No Response：相手の Action に対して全くの無反応

エ）Initiation（開始）：Action に対して 10 秒以内に Action を返さなかった場合

オ）Termination：相手の Action に対して 10 秒以内に Action を起こさなかった場合、あるいは新たな Initiation が起こった場合はその相互作用を終了とする

②分析作業の方法

VTR 記録を 2 名の観察者が共同で行い、2 名の分析が一致したデータのみを採用した。

③エピソード記述

VTR 記録した内容を質的に分析するために、対象児（C 児）の言動を中心に発話を記録し、C 児をめぐる他児や保育者の言動も記録した。

9）ソシオメトリックテスト

C 児の社会的地位と、C 児を含むクラス集団の友人関係を明らかにするために実施する。方法としては、クラス全員の集合写真をみせ、このなかから「一緒のグループになりたい人、なりたくない人を 5 人ずつあげてもらう」という方法で SSS（社会的地位得点）を個別に算出した。

10）共感性テスト

共感性（思いやり）を測定するものとして童話「みにくいあひるの子」を題材にして、みにくいあひるがいじめられている場面などを取り上げ、C 児と同

じクラスで関わりのあった幼児たち 8 名と、隣のクラスで関わりのなかった幼児たち 8 名に対して個別に質問を行い、共感性をテストした。

11）結果

①健常児から C 児への Action 数の推移

　プログラム開始前と直後の 1 回から 3 回までは、一人の女児が C 児に関わるのみで、他の幼児が関わることはなかったが、開始後の 4 回以降 7 回までは、他の幼児からの Action 数は増加傾向がみられた。観察回数と Action の増加との関係をスピアマン相関係数で検定した結果は $R^2 = 0.58$ で、相関がかなりみられた（Fig. 4.7）。この結果から、介入プログラムの導入により、健常児が C 児に関心をもつようになり、C 児に対して働きかけが生じ、その回数が増加していったといえる。しかし、プログラム導入の 8 回以降は Action 回数が安定しなかったため、全体を通じての相関関数は相関係数 $R^2 = 0.25$ と必ずしも統計的には有意差はみられなかった（Fig. 4.8）。介入プログラムを始めて約 3 か月後から、他の幼児らが C 児に関心をもち始め、自由遊び場面でも C 児に対して積極的に働きかけるようになったといえる。健常児から C 児への Action 数を年齢別に分析してみると、3 歳児が 73％と一番関わりがみられ、次に 4 歳児、5 歳児の順であった（Fig. 4.9）。この結果をみると、自由遊び場面では、C 児と同年齢の 4 歳児よりも 1 歳年下の健常児らが C 児に関心を示し、積極的に Action を起こしたといえる。

②健常児からの Action に対する C 児の Response とその内容

　健常児の Action に対する C 児の反応と無反応の推移をみてみると、5 回目や 11 回目のように反応が多いときもみられる（保育者が C 児と健常児たちの仲介をしてボール遊びなどを行った場面）。しかし、健常児からの Action が 5 回から 6 回ごろから増加し始めているにもかかわらず、C 児は無反応であるため、相互作用が終了してしまう傾向もみられた（Fig. 4.10）。ここから、C 児が水遊びに夢中であるため、いくら健常児が C 児に働きかけても全く反応しないという行動がみられることから、常同行動や固執性という自閉的な幼児の特有な行動

第4章　統合保育の実践研究——事例1及び事例2

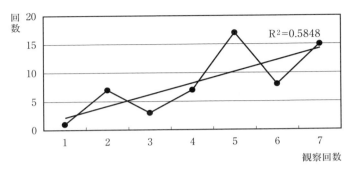

Fig. 4.7　健常児から C 児への Action 数の推移（1〜7回）

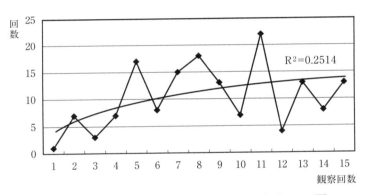

Fig. 4.8　健常児から C 児への Action 数の推移（1〜15回）

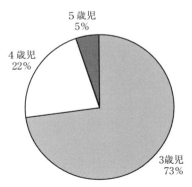

Fig. 4.9　健常児から C 児への Action の年齢別割合

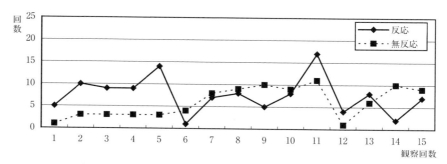

Fig. 4.10 健常児からの Action に対する C 児の Response と No Response の推移

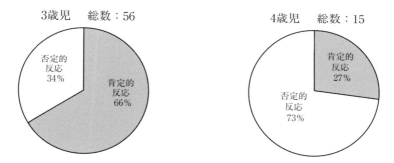

Fig.4.11 健常児（3歳児・4歳児）からの Action に対する C 児の Response の内容の割合

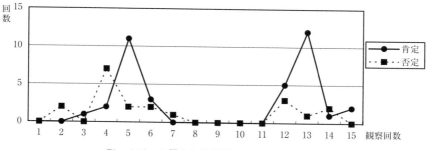

Fig. 4.12 C 児から健常児への Action の推移

第4章　統合保育の実践研究——事例1及び事例2

が相互作用を困難にしてしまうともいえる。またC児の反応の内容を分析してみると、3歳児に対しては肯定的な反応が66％と否定的な反応を上回っていた（Fig. 4.11）。一方4歳児に対しては、肯定が27％、否定が73％と否定的な反応が上回った。3歳児は、C児に興味をもって一緒に遊ぼうとして積極的に誘いにやってくるのに対し、4歳児はC児に対して指示的な声かけ（片付けの時間だよ。クラスに戻ろうよ）をすることが多いので、C児が否定的な反応をしてしまうためである。

③C児から他児へのAction数の推移

　観察当初は、C児からのActionは、保育者に対するもの以外にはみられなかったが、他児からC児へのActionが増加するにつれ、他児に対するAction数が増加していった（Fig. 4.12）。また、その内容も肯定的なものが多くみられた。プログラム開始後、C児も他児を受け入れ友好的な働きかけができるようになってきたことを示している。肯定的なActionが多い5回、12回、13回は、他児とのボール遊びや相撲遊びに興じているときであり、相互作用が続いている状態であった。逆に否定的なActionが多い4回は、C児が他児のドミノ倒し遊びに加わろうとしてドミノを倒してしまい、他児から排斥される場面であった。C児から他児へのAction数において、他児の年齢別を分析してみると、3歳児が63％と最も多く、次に多いのが4歳児で37％であった（Fig. 4.13）。C児と3歳児は互いにAction数が多く、またResponseもC児と3歳児ともに肯定的な内容が多いことから、互いに親密で友好的な関係が形成されていったのである。

④ソシオメトリックテスト（社会的地位）の結果

　実施したのは、観察を始めてから1年2か月後の8月である。C児のSSS値は「1」であり、クラス37人中20位である。C児より下位には、排斥されているようなマイナス得点者が10人もいることから、クラス内では比較的好意的に受け入れられている方であった（Fig. 4.14）。マイナス15点、マイナス6点の子どもはクラス内で強く排斥されている子どもたちであった。

⑤共感性テストの結果

　「みにくいあひるの子」（Fig. 4.15）を用いて次のa～dのような場面で、「み

77

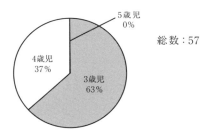

Fig. 4.13 C児から健常児へのActionの割合

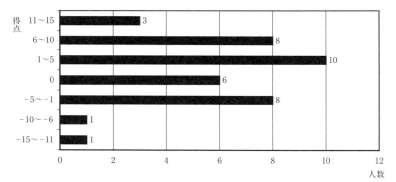

Fig. 4.14 SSS（社会測定的地位得点）点数とその人数

Fig. 4.15 「みにくいあひるの子」の絵（アンデルセン作『みにくいあひるの子』童企画製作、卯月泰子構成・文、髙橋信也画、永岡書店、1985年刊より）

Tab. 4.4　共感性テストの結果

Aグループ 対象児	顔の 表情	理由	なぜ	感想	合計	Bグループ 対象児	顔の 表情	理由	なぜ	感想	合計
A	2	2	0	0	4	I	0	0	0	0	0
B	2	2	0	0	4	J	0	0	0	0	0
C	2	2	0	2	6	K	0	2	2	0	4
D	2	2	0	4	8	L	0	0	0	0	0
E	2	4	2	0	8	M	0	0	2	2	4
F	2	2	2	2	8	N	0	0	0	0	0
G	2	1	1	0	4	O	2	0	2	4	8
H	2	1	2	2	7	P	2	2	0	0	4
合計	16	16	7	10	49	合計	4	4	6	6	20
平均	2	2	0.88	1.26	6.13	平均	1	1	0.75	0.75	2.5

注：各項目2点満点　計8点満点

にくいあひるのピーちゃんの気持ちはどんなかな」と問いかけ、子どもには4つの顔（悲しい顔、うれしい顔、怒った顔など）の絵から選択させた。

a 「おじいさんからどじょうをプレゼントしてもらう場面で、他の兄弟はみなもらえたのに、ピーちゃんだけはもらえなかった」

b どうしてその顔を選んだか？

c なぜ兄弟はピーちゃんをいじめたか？

d この話を聞いてどう思ったか？

このテストを次の2つのグループに対して実施した（質問は個別に一人ずつ行った）。各質問項目は2点満点、計8点満点である。

・Aグループ（C児と関わりがあった同じクラスの幼児8名）

　平均年齢：5歳3か月

・Bグループ（日頃C児と関わりが薄い隣のクラスの幼児8名）

　平均年齢：5歳4か月

2つのグループ16名に対して個別に質問し、次の結果を得た（Tab. 4.4）。

ア）顔の表情について

　Aグループの平均は2点、Bグループの平均は1点で、平均値の差の検定をした結果、$df = 14$、$p < 0.001$水準で有意な差がみられた。

イ）理由について

　Ａグループの平均は２点、Ｂグループの平均は１点で、平均値の差の検定をしたところ、df = 14、p < 0.05 水準で有意な差がみられた。

ウ）なぜそう感じたか

　Ａグループの平均は 0.88 点、Ｂグループは 0.75 点で、平均値の差の検定では差がなかった。

エ）この話の感想について

　Ａグループが 1.26 点、Ｂグループが 0.75 点で、やはり平均値の差の検定では有意義な差が得られなかった。

以上の結果から、Ｃ児と関わりの多かった子どもたちは、そうでない子どもたちよりも、共感性が高い傾向が示されたといえる。

⑥保育カンファレンス

ア）平成△年度前期

　（介入プログラム実施前）Ｃ児の様子：自分のやりたいことをやめさせて違うことをさせようとするとパニックを起こす。遊びの順番待ちができない。いつもと同じ生活リズムに変化があると対応できない（例：遠足の前日や当日にいつもと違う保育の流れになると、Ｃ児はパニックを起こす。Ｃ児には自閉症児特有の固執行動がみられる）。

イ）平成□年度中期

　（介入プログラム実施１年２か月後）Ｃ児の様子：介入プログラム中の子どもたち同士で手をつなぐ場面では、彼が好きな子どもであれば手を組めるようになった。発表会でも自分の出番を理解して、パニックになることもなく出演できた。みんなの生活の流れに沿って生活できるようになった。パニック行動が減少した。保育者の簡単な指示・命令が理解できるようになった（給食室に○○を届けて、紙芝居を棚にしまってなど）。

　自分のやりたいことが通らないときに、かんしゃくを起こして泣くこともあるが、保育者が説明すると泣きやむようになった。

第4章　統合保育の実践研究——事例1及び事例2

12)　考察

　本研究で、障がいをもつ幼児と健常児との社会的相互作用を促進する目的
で、保育プログラムや保育形態を設定し、保育者が意図的に関わってきたこと
が、幼児たちにとってどのような影響をもたらしたかを、以下に示す4つの要
因に沿って考察する。

①介入（保育）プログラムについて

　ア）介入プログラムの効果について

　　介入プログラムを開始したのは観察を始めた2回目と3回目の間であった
　が、そのころのC児は一人で歩きまわったり玩具を眺めたりと自閉的な状
　態であり、健常児たちに自ら接近していくことはなく、相互作用はほとんど
　みられなかった。そしてC児の働きかけも否定的な内容であった（例：他児
　が組み立てた積木を壊す）。また、他の幼児たちからの働きかけに対しても拒
　否していた。しかし、観察期間の後半では、彼の否定的な内容の働きかけは
　ほとんどみられなくなっており、他の幼児たちにも関心を示し、自ら声を発
　して接近するといった肯定的な内容の働きかけが徐々にみられるようになっ
　た。これらのことから、C児は本プログラムを通じて、幼児たちと交流する
　きっかけが得られ、幼児たちに接近して身体的な接触にも慣れ、友好的な働
　きかけができるようになっていったと考えられる。自閉症児と健常児との身
　体接触を主にした歌遊びを行うことにより、相互作用が増大したという報告
　と同じ結果である。また自閉症児の相互作用の増加においては、相手への親
　しみの深まりといった具体的条件による影響の方が大きいという指摘とも関
　連があると考えられる。

　　また、健常児、とりわけC児より1歳年下の3歳児を中心に、介入プロ
　グラム開始後からC児に対して関心を示し、C児により積極的に働きかけ
　るようになっており、集団から外れて一人で他の子と遊べない状態であるC
　児のことを放っておくことはしなかった。このことは、本プログラム実施中
　においても、C児や年少児などが一人で放っておかれることなく、全員が一

81

緒に参加できるよう配慮されていたことが影響していると考えられる。そして、観察期間の最終段階で実施したソシオメトリックテストの結果でも、健常児たちがC児を好意的に受け入れている傾向が示されていることから、本プログラムによって、健常児が障がいにとらわれず、C児を自分たちの仲間として受け入れるようになっていったことが示唆された。

イ）自由遊び場面への影響について

上述したように、障がいをもつ幼児にとっても、健常児にとっても、本プログラムを通じて互いに知り合いになり接近し、関わりながら、互いに関わりに慣れて友好的に接するようになっていったと考えられる。しかし、幼児たちが自発的に遊んでいる自由遊び場面においては、幼児たちの相互作用がいつも継続的にみられるわけではなかった。このことから、自閉症児と健常児との遊びを強化したプログラムでも、後の追跡期間においては普遍化することができなかったという報告があるように、こうしたプログラムの効果を持続していくことは容易ではないといえる。このようなプログラムは、実施時間や回数、間隔などを検討したうえで継続的に実施していかなければ、障がいをもつ幼児、特に自閉的傾向の幼児の場合は他児との交流が減少していく可能性があると思われる。

ウ）プログラムの内容について

C児は他児からの働きかけに対して拒否せずに反応したり、他者の行動を笑顔で真似たりなど友好的に反応できるようになっており、他児と一緒の場所や時間を共有することができるようになってきていた。しかし、他児からのactionが増えてきても、C児の無反応（no response）は減少していなかったため、そこで相互作用が終了してしまう傾向がみられ、健常児たちのaction増加にC児のresponse増加がついてこなかったことがわかった。これはプログラム内容において、他者からの働きかけに反応することに関して不十分であったことが示唆される結果であった。今回実施したプログラムの内容は、ペアになる人を探して一緒に組んだり、共同で身体を動かす内容が含まれていたため、自分から相手に行動を起こすというものであった。しか

し、相手の起こした働きかけに対して、その意図を汲んで反応するというプログラムの内容ではなかったため、このような結果になったと考えられる。また、この結果は、自閉症が認知障がいを基礎とした症候群であると考えられていることとの関連も考えられ、自閉傾向のＣ児は相手の心の状態が理解できないために、相手の働きかけに理解を示すということが困難であるという可能性も十分に考えられる。

　今後は自閉的傾向の幼児が、他者の働きかけの意図を理解して反応できるよう、プログラムにおいてもこの点を強化できる内容を取り入れて、自由遊び場面でも保育者が介入して、自閉症児が相手の意図を理解できるよう援助を行っていくことが、他児との相互作用を促進する意味で重要である。

②遊び内容の要因について

　今回は自由遊び場面での観察を行った。各場面のＣ児の行動をみると、他児たちが行っている遊びに興味や関心を示して他児に接近し、関わろうとしていた。単なる玩具遊びや砂（または水）遊びといったものよりも、相撲遊びやボール遊びなど身体の接触や動きがある活動的な遊びの方が相互作用を増加させたことから、Ｃ児の行動は遊びの内容によっても影響を受けていたことが示唆された。このことは、自閉症児の相互作用を援助する機能としては、場面の「構造化」（大人がどんな行動を期待しているかを子どもに明確に示し、子どもが了解可能な状況をつくり出す）というものがあり、よく構造化された課題であれば他児と一緒にそれに取り組むことができ、相互作用もしやすくなるであろうという指摘と関連していると考えられる。つまり、自閉症の相互交流の増加は、大人の明確な指示、仲間のリード、あるいは課題の選択などがもたらす構造化の向上と関連しており、これらのファクターがうまくかみ合っていくならば、明瞭な課題を一緒にやるという状況が生まれるので、相互作用の発展が可能となりやすいというものである。Ｃ児の場合も自由遊び場面において、玩具遊び、砂遊び及び水遊びなどは、遊びを自分自身で楽しむというレベルまでは到達しても、その遊びを通じて、周りで遊んでいる他児との関わりを広げていこうというレベルに発展することは困難であった。しかし、相撲遊びやボール遊びのよ

うに、その遊びの課題が要求しているものが幼児の理解と技能の範囲内であれば、相互作用が促進されることが示唆された。このことから、Ｃ児も含めて幼児たちが内容を理解しやすい環境（遊び・課題）を、自由遊び場面においても提供していくことが、相互作用を促進するために効果的であると考えられる。その一例としてはコーナー遊びがある。

③保育者の関わりと保育所の体制について

　健常児たちからの積極的な働きかけがあってもＣ児がうまく関わりをもてない場面や、それとは逆の場合でも、保育者は両者の相互作用を持続させるように介入を行っていた。このような介入は幼児たちの自発的な行動を尊重すると同時に、他児との関わり方を身につけさせ、相互作用の継続を援助するものであった。保育者のこのような介入は幼児たちの良好な相互作用を促進し、これを継続していくためには必要である。特に、障がいをもつ幼児ともたない幼児との相互作用の形成には必要であると考えられる。

　また、保育者は、障がいをもつ幼児を特別な保育ニーズをもった幼児の一人として理解し、抵抗や偏見を取り除き、障がいをもつ幼児に好意的に接していた。このような保育者の姿は健常児たちにとっての適切なモデルとなり、幼児たちは障がいの有無にこだわらずに共感的に接することができるようになると考えられる。また、障がいをもつ幼児が在籍するクラスの保育者だけの責任とせず、保育所全体で見守る姿勢があったので、Ｃ児が保育所の環境のなかで受け入れられたと思われる。

④異年齢保育形態について

　障がいをもつＣ児と最も相互作用が多くみられたのは、Ｃ児の１歳年下である３歳児たちであったことが結果から示された。また、自由遊びにおいては発達年齢が近い者同士の方が相互作用は促進されるということが示唆された。このことから、障がいをもつ幼児の保育では、保育所での遊びや生活については生活年齢にこだわらず、より発達年齢の近い集団で生活できるような措置を配慮する必要があるといえる。一人ひとり興味や発達レベルが異なった幼児たちが一緒に保育されている異年齢保育形態は、年齢やクラスに関係なく自分の

活動に合わせた友達を選択できる点で、統合保育に有効であると考えられる。さらに障がいをもつ幼児だけではなく、子ども同士の関わりが苦手な幼児や孤立傾向の幼児にとっても、遊ぶ相手を選択する幅が広がるという点で有効であると考えられる。

　また、今回の研究では観察対象外であった給食時間、お集まりなどの日常生活場面において、Ｃ児は自分よりも年上の幼児や同年齢の幼児に援助を求め、彼らもそれを受け入れる行動がみられた。具体例としては、幼児が「○○ちゃん、おてて、おてて」と言って手をつなごうとする行動や、お気に入りの５歳児に向かって「○○君、開けて」とヨーグルトの蓋を開けてもらいたいと訴え、それを受けて５歳児たちも「今日は誰に頼むの？」などと会話を楽しむようになっていった場面がみられた。これらは、これまで保育者だけに援助を求めていたＣ児に対して、保育者が「他のお友達に頼んでごらん」と言葉をかけるようになってから変化がみられた。異年齢保育では、保育者が援助するだけではなく、できないことは年齢の違う幼児同士で助け合っていく姿が頻繁にみられるので、障がいのある子もない子もサポートし合っているという担当保育者の報告に示されている通り、幼児たちは障がいの有無にとらわれずに互いに育ち合っていることが示唆された。同年齢保育を受けている幼児と比較すると、異年齢保育を受けている幼児の方が、障がい児の存在を抵抗なく受け入れている傾向があるという報告などを考慮すると、幼児たちが個人の能力や個性の違いを受け入れたり、同年齢や年下の幼児に対する接し方を変えたりなど、相互に助け合っている異年齢保育における環境は、障がいをもった幼児の発達の遅れについても、個人差として受け入れられやすく、障がいをもった幼児が生活しやすいといえる。また、保育形態や保育プログラムが形式にこだわったもので、幼児たちを枠にはめようとするものならば、それらは障がいをもった幼児にとっては負担がかかり、特に自閉的な幼児の場合はパニックの増加などの形で弊害が表れてくると思われる。しかし、Ｃ児の場合はパニック減少傾向がみられ、保育の流れに適応していけるようになったことから、今回取り入れた保育形態が、障がいをもつＣ児にとって無理のない保育であったことや、

保育者がＣ児の状態をみながら柔軟に関わって保育していたことが示唆された。

13) 今後の課題

　一人ひとりの興味や発達レベルが違う幼児たちが一緒に保育されている異年齢保育は、年齢やクラスに関係なく自分の活動に合わせた友達を選択できる点で、統合保育に有効であると考えられた。障がい幼児と健常幼児との社会的相互作用の形成については、生活年齢よりも発達年齢に近い者同士の方が活発であったことから、障がい幼児の対人関係の促進においては、その点を考慮した保育指導がなされる必要があると考えられる。このことについては、自閉的な幼児以外の発達障がい幼児の場合も同様の傾向があるのか、今後検討を重ねていきたい。現在、保育所や幼稚園で行われている生活年齢と同年齢の保育実践においては、障がい幼児の場合は遊び場面を中心に置いて、障がい幼児の発達年齢に近い健常幼児との関わりができるように配慮することが必要であると強調しておきたい。今後はさらに、自由遊び場面以外の生活場面などにおいても観察を行い、障がい幼児の良好な対人関係の促進のための効果的な援助について検討していきたい。

　また、今回は障がい幼児と年長幼児との関わりについては十分に分析することができず、「異年齢保育では障がいのある子もない子もサポートし合って、互いに育ち合っている」ということが十分に明らかにされなかった。よって今後は日常生活場面における障がい幼児と年長幼児との相互作用について検討を重ねたい。そして、この数年間の統合保育や異年齢保育によって築かれた子どもたちの関係が、就学後も地域社会のなかにおいて継続していくことが望まれる。さらに、障がいをもつ幼児ともたない幼児が成長して成人になる地域社会では、障がいについての偏見や差別をもたずに受け入れ、障がいをもつ人の社会参加や生活の場を拡大していくことが期待されている。

4・4 研究のまとめ

　統合保育においては、物理的に障がい児と健常児が一緒に暮らしても、両者の社会的相互作用は生まれないことが、小山・池田（1995）の研究結果からは指摘される。両者の相互作用が生まれるためには、保育者の保育プログラムによる意図的な働きかけが必要であることは明白である。小山（2003）は、自閉的な幼児と健常児との社会的相互作用を形成するために、クラス活動において、週に1回、音楽に合わせて身体を動かす遊びを継続的に取り入れていった。この保育プログラムは3歳児でも可能である。このプログラムの実施後は、自由遊び場面では、自閉的な幼児と3歳児が頻繁に関わる姿がみられている。健常幼児からの働きかけが増していることから、このプログラムによって両者の社会的相互作用の頻度が増していることが示された。統合保育において、保育者の両者の相互作用を高める役割は重要であると思われる。

第5章

インクルーシブ保育の実践研究
—— 事例3：運動障がい児の例

5・1　研究目的

　本章の目的は、インクルージョン保育の実践を検証しようと試みるものである。本研究では、運動障がいのある幼児とその子を取り巻く幼児たちの関わりや仲間関係について、行動観察と保育者のエピソードをもとにインクルーシブ保育をどう進めていくのがよいのかを事例検討してみる。そしてインクルーシブ保育における社会的相互作用の予備的研究を行う。

5・2　研究方法

1）対象児

　異年齢保育を行っているクラスに所属するD君及び同じクラスの幼児たちを対象とした。

D君のこと

　6歳5か月（観察当時）。男児、性格は明るく、障がい児の小グループではリーダー的存在。年少児と遊ぶことが多い。障がいは、水頭症、二分脊椎症で、下半身の運動障がいがある。移動は車椅子やバギーを用いる。

　　生育歴：2歳より、大学病院、子ども発達センター及び療育機関など地域の相談治療機関に通う。日常生活では、排泄は要介護だが、食事はスプーン・フォークを使用。上着の着脱は可能、ズボンは要介助である。

89

粗大運動：ヘルメット着用、室内の移動は自力、園庭では車椅子やバギーを
　　使用

微細運動：はさみやサインペンの使用可能、食事も自力可能である。

知能検査：WISC-Ⅲ、VIQ 97、PIQ 76

　　言語的な知能の遅れはないが、非言語性知能は少し遅れがみられる。

2）研究対象園

　都内で統合保育に取り組んで51年の私立K幼稚園で、幼稚園には外国人の
幼児、障がい児（発達障がい、知的障がい、運動障がい、病弱児などいろいろな幼児）
が通園している。2006年から園長の考えにより、すべての幼児にとって保育
ニーズが満たされるインクルーシブ保育に取り組んでいる。さまざまな障がい
をもった幼児も園児数の10％を超え10数名在園。クラス編成は3歳・4歳・5
歳の異年齢編成で、1クラス27〜8名で担任3名、5クラスで園児数は130余
名、保育者数は18名である。

3）観察方法

①観察期間

　平成○○年9月〜11月

②観察回数

　7回

③観察場面

　自由遊び場面の30分

4）分析方法

　VTRで記録した30分のうち、D君と他の幼児との社会的相互作用が多くみ
られた15分を分析対象にした。分析については小山（2003）を参考に行った。
2名の観察者の一致したデータを採用した。

第5章 インクルーシブ保育の実践研究——事例3：運動障がい児の例

5）保育者のエピソード記述

クラス担当の保育者からD君や彼をめぐる幼児たちの関わりや様子を聴取して記述した。

6）保育カンファレンス

月に1回程度のカンファレンスに参加し、D君の観察の様子を伝えるとともに、保育者からD君の様子を聴取した。

5・3 結果

1）観察結果

D君から他の幼児への関わりは観察初期に否定的な行動がみられたが、徐々に減り、肯定的な行動が増えていく様子がみられた。D君が関わるのは主として年少児たちである（Fig. 5.1）。D君から他児へは肯定的な関わりが増えている。

他の幼児からD君への関わりについて、最初は否定的な行動もみられたが、観察期間の後半は減少し、肯定的な関わりが増えている（Fig. 5.2）。

2）保育者のエピソード

4月当初は、D君と手をつなぐのを嫌がるBさんがいて理由を聞くが、「嫌いだから」としか言わない。嫌いと言えることはいいことだが、そのままにしておくわけにもいかないので気になっていた。その後、9月のリレーの練習で

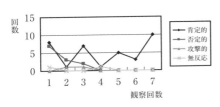

Fig. 5.1　D君から他児への関わり

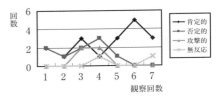

Fig. 5.2　他児からD君への関わり

は、クラスの仲間がD君の走る距離を短くしたいと保育者に提案。他のクラスにも受け入れられた。しかし、手だけで走る練習をしたら、D君が一番速かった。クラスのみんなはD君はすごいと認めた様子だった。

①運動会をめぐる例

　9月の運動会のクラス対抗リレーの練習では、走れないD君をめぐって子どもたちが話し合った。バギーで走る案、走る距離を短くする案、手だけで走る案などが出た。クラス対抗リレーの練習ではD君のいるNクラスはいつも5位。D君の希望で、行きは自分で車椅子を操り、帰りはハイハイで手だけを使って帰ってくるが、D君がリレーで走るときには、他のクラスとの差が広がり、いつも結果はビリの5位だった。クラスの成績を心配したクラス担任がNクラスの年長児10名を集めて話し合った。

　保育者「いつも5位だけど、みんなは悔しくない？　どうして勝てないと思う？」

　「えっ？」驚いたように女の子2人が顔を見合わせた。

　S子「だって、D君が走っている間に、他のクラスが走るのが終わっちゃうんだよ」

　M子「じゃあ、D君の走る距離を短くしたらいいんじゃない？」

　S子「そんなことしたら、他のクラスにずるいと怒られるよ」

　D君「僕は練習して速く走れるようにしたい」

　保育者「みんなはどう思う？」

　Y君・F君「バギーに乗せて先生が押した方が速いと思う」

　D君「いや、訓練するから」

　Y君「訓練したら、どのくらい速くなれるの？　M子ちゃんみたいに速く走れるならいいよ」

　F君「普通の人くらい走れるならいいよ」

　Y君「訓練しても速くならないよ、病院行けばいいんじゃない？」

　保育者「D君、病院には行っているんだよ。でもすぐには治らないし、速くはならないんだよ」

S子「治らないの、どうやったら治るの？」

保育者「D君は走っているときは、ふざけてないし、一生懸命走っていると
　　思う。D君は訓練したいと言っているから、みんなでタイムを計ってみた
　　らどうかな。それで、相談しよう」

Y君・F君「でも負けちゃうから、バギーがいいよ」

　ここで年長のクラスの速い子がD君と競争し、どのくらい差がつくのか、
みんなでみてみることにした。

　D君は車イスで走り、年長児で一番早いY君と競争。

　結果は、D君がリレーの距離を1回往復する間に、Y君は6回往復。そこ
で、みんなで考えて、

M子「D君はみんなの半分の距離をハイハイしてきてみたら？」

S子「うん、そうだね」

保育者「D君、手だけでハイハイしてやってみようか」

　ということで、今度は各クラスで一番に走る子を集めてハイハイ競争。

　実際に5人でハイハイで競争をしたら、なんとD君が断トツで速かった。

　見ていた子どもたち「D君、すごーい」

　手だけのハイハイに慣れていない子どもたちは口々に「痛い」「疲れた」

　そして「D君、すごいね」

「D君はすごいぞ、チャンピオン」、クラスの仲間に認められた。

　リレーのときは、半分のコースをハイハイで走ることになった。保育者が初
めから、D君の障がいの状態を考慮してリレーのコースを半分にするよう子ど
もたちに提案した。安易に子どもたちに納得させるよりも、子どもたちの勝ち
たいという思いと、D君の自分自身で走りたい参加したいという思いを真剣に
ぶつけ合うなかで、相手の気持ちを理解する生活経験を積ませていくことがイ
ンクルーシブ保育には必要であると思う事例である。

②**縄跳びをめぐる例**

　3学期になると、卒園児たちが幼稚園からもらう卒園記念品の縄跳びをめ
ぐって、年長児だけの真剣な争奪ゲーム場面があった。縄跳びをめぐって、年

長児が何度もじゃんけんをして、自分たちが納得のいく形で決めていく場面が
みられた。例えば、赤・青・黄色・緑などいろいろな縄を誰がもらうのかをめ
ぐって争奪戦があった。じゃんけんで勝った人が好きな色の縄跳びを選ぶ、男
の子と、女の子で色分けをするなど、いろいろな提案がなされた。D君もそこ
に加わり、そのやりとりを楽しむかのような姿がみられた。その仲間に入って
参加している姿が印象的であり、D君は周りの子どもとの仲間意識を感じなが
ら、そのなかでうれしそうに参加している光景がみられた。

5・4　考察

　インクルーシブ保育には、障がい児と健常児が真剣にぶつかってこそ、互い
が理解できる要素がある。子ども同士が相互に関わり合って過ごすことで、相
手の気持ちを理解することができる。運動会に向けて、リレーで勝ちたいとい
う気持ちと、D君の参加したいという気持ちのぶつかり合いのなかで、お互
いが納得してルールが変えられる。保育者が初めから障がい児のことを考えて
ルールを提案すれば、ある意味すんなり決まってしまうかもしれないが、それ
では子どもたちの相手を思う気持ちや自分の気持ちがごまかされてしまう。
　障がいのある子どもを理解して関わってもらいたいという保育者の思いをど
う伝え、障がいのない子どもに理解してもらうのか、保育者の悩みは尽きな
い。子ども同士で利害をめぐって激しくぶつかり合うこともある。子ども同士
が対等に関わるには何度もぶつかりつつ相互に理解し合う体験が必要である。
そういう場を保育者が子ども同士の関わりのなかで経験させていくことが大切
であることが示唆される。観察結果からは、障がいのある子どもと障がいのな
い子どもに肯定的な関わりが増えていることは明らかになったが、D君を含む
仲間関係は明らかにされなかった。
　今後は、障がい児を含むクラスの仲間との社会的相互作用を明らかにするこ
と、及び保育者が障がい児と健常児との社会的相互作用を増加せる保育方法に
ついて検討していきたい。

第6章

インクルーシブ保育の実践研究
── 事例4：自閉症児の例

6・1　研究目的

　本章では、インクルーシブ保育の実践研究により、自閉的な幼児と健常児の仲間関係における社会的相互作用を分析し、そこに関わる保育者の役割や行動及び保育活動などについて検討することを目的とする。

6・2　研究方法

1）研究対象園

　都内で統合保育に取り組んで51年の私立K幼稚園には、外国人の幼児、障がい児（発達障がい、知的障がい、運動障がい、病弱児などいろいろな幼児）が通園している。2006年から、園長の考えにより、すべての幼児にとって保育ニーズが満たされるインクルーシブ保育に取り組んでいる。さまざまな障がいをもった幼児も園児数の10％を超え10数名在園。クラス編成は3歳、4歳、5歳の異年齢編成で、1クラス27～28名で担任3名、5クラスで園児数は130余名、保育者数は18名である。

2）観察対象

①対象児
　E児：平成○○年○月生まれ、5歳児（観察当時）、年長児、男児

E児は2歳半のときに言語の発達の遅れを指摘され、地域の療育機関・相談機関により広汎性発達障がいと診断される。広汎性発達障がい（PDD: Pervasive Development Disorders）とは、DSM-4-TR（2002）によれば、自閉症スペクトラムのなかに含まれ、アスペルガー症候群や自閉症などを含む自閉性障がいの総称である。ローナ・ウィング（Wing 1998）は、自閉症スペクトラムには、①社会的相互交渉の障がい、②コミュニケーションの障がい、③想像力の障がいという「3つの障がい」があると指摘している。自閉症スペクトラムの予後はさまざまである。知的障がいのある自閉症スペクトラムと境界線級の自閉症スペクトラムの就労を含む社会的予後は好ましくない。知能指数の高い高機能自閉症は、大学卒業後、技術者として社会生活を営んでいることが少なくない。

　E児は2歳半より療育機関や発達相談センターなどに週1回程度通っている。本児の発達検査の結果を示すと、3歳時の田中ビネー知能検査（CA3：2）では、MA 2：1、IQ 66で、軽度の知的障がいの状態であったが、4歳時のK式発達検査（CA 4：2）では、運動（3：1）、認知・適応（3：10）、言語・社会（2：7）、DQ 62〜80で、言語発達の遅れが特に目立つ。その後5歳時（CA5：2）の結果では、認知・適応（4：4）、言語・社会（4：5）で、発達指数は83〜85と言語発達の遅れが少しみられるが、平均的な発達の状態に成長している。6歳時（CA6：4）のWPPSI知能検査では、言語性IQ 106、動作性IQ 121、全検査IQでは116で平均より上である。E児の発達検査や知能検査の結果から、E児は年齢が上がるにつれ、発達の状態が良好になり伸展している。このことから知的障がいがない、言語発達の遅れのある高機能自閉症と考えられる。E児は幼稚園に入園して3年目になるが、入園当初の1年間は、人に対する関心は全くなく、またクラス活動に入ることもなく、ほとんど一人で遊んでいた。2年目には、時折クラス活動に入ることができるようになったが、パニック行動がしばしばみられ、仲間との関わりや会話もほとんどない。3年目の年長になり、やっとクラス活動に参加できるようになるという経過をたどっている。

②その他の観察対象

　E児とそのクラスに所属する年長の健常児たち8名（女児3名、男児5名）及び保育者4名を観察対象とする。研究にあたり、保護者や幼稚園については、研究への承諾を得ている。主たる観察対象児（O、M、R、N）及び保育者（A、B、C、D）のプロフィールを次に示す。プロフィールは保育者のインタビュー記録をもとに作成した。

　　ア）健常児のプロフィール（O、M、R、N）

　　　O：E児に関心を示す男児で、E児と関わることが自分の居場所になっていると思われる。Oは同じクラスの仲間と比べて幼く、O自身もクラス活動に入れない時期があった。OもE児に対して自分に近い仲間として親しみを感じているのか、E児に関わろうとする。4歳児のときは同じクラスの運動障がいをもつ幼児の世話をしていた。

　　　M：4歳児のときの同じクラスの女児。E児の方から関心をもって近づこうとしているが、Mの方はそれほどE児には関心はない。同じクラスの女児と遊んでいることが多い。しっかりしているお姉さんタイプ。

　　　R：幼稚園で飼育しているウサギの面倒をみるなどやさしい男児。Oとも仲がよいが、クラスのなかでは幼い方である。

　　　N：仲間とふざけて遊ぶが、E児とは関わりが少ない。幼い方である。

　　イ）保育者（A、B、C、D）のプロフィール

　　　A保育者：クラス担任、若くて熱心な保育者。

　　　B保育者：クラス担任、経験は豊富。

　　　C保育者：クラス副担任、4人のなかで唯一男性、外遊びが得意。

　　　D保育者：隣のクラスの担任、障がい児保育の担当の経験が豊富、障がい児の保育も含めて保育者のリーダー的存在。

③観察場面

　自由遊び及び設定保育（クラス活動）

④記録方法

　ビデオ観察、観察者2名、観察時間は1回につき約2時間

⑤観察者の立場

　本研究では観察者として、保育中に子どもの遊びや保育者の保育に邪魔にならないように心がけた。子どもから話しかけられたり、子どもの生活の安全上、関わりを必要としたとき以外は、こちらから関わることを避けた。

⑥保育者へのインタビュー記録

　3回。月に1回程度、対象児についてのインタビューを行った。保育者個々に対してインタビュー時間がとれなかったので、グループインタビュー形式で行った。

⑦保護者へのインタビュー記録

　子どもの家庭での様子を知るために半構造化面接を行った。

⑧観察期間

　平成2△年4月〜翌年3月

⑨観察回数

　月に数回観察し、計14回実施。このうち、通常保育以外に林間保育（宿泊）と運動会、稲刈り、スケート教室などの行事保育が数回含まれている。

⑩分析方法

　ビデオ記録は「事象見本法の観察記録（相互作用）」小山（2003）（Tab. 6.1）をもとに分析する。例えば、E児から健常児への関わりを分析する際に、応答の内容（受容、友好的、拒否、攻撃など）で、肯定的か否定的かを分析する。記録の分析にあたっては、分析者2名で個々に行い、両者で一致したものを採用する。

Tab. 6.1　相互作用分析表

内　　容																				
肯　　定														否　　定						
話しかける	指示	援助	質問	説明	モデル指示	模倣	受容	承認	励まし	ほめる	友好的	要求する	回答する	争う	無視する	拒否	乱暴・攻撃	無理・強引	注意	無反応
1	2	3	4	5	6	7	8	9	10	11	12	13	14	15	16	17	18	19	20	21

第6章　インクルーシブ保育の実践研究——事例4：自閉症児の例

⑪結果の整理法

　子ども同士の相互作用、保育者と対象児の相互作用の回数及び内容の分析を行う。

6・3　結果

1）観察回数と保育内容

　観察回数と主な保育内容を Tab. 6.2 に示す。

2）一日の主な保育の流れ

　K 幼稚園の保育の主な流れを示す。ただし行事保育（運動会、稲刈り、クリスマスページェントなど）の関係で通常保育ではない場合もある。

　9：00　登園
　　　　　コーナー活動（遊び）
　　　　　粘土、砂場、製作、動物の飼育、運動サーキット、ままごと、園庭での遊び

Tab. 6.2　観察回数と保育内容

期	観察回数	月	保育内容
I	第1回	4	自由遊びとクラス活動
	第2回		自由遊びとクラス活動
	第3回	5	自由遊びとクラス活動
	第4回	7	自由遊びとクラス活動（林間保育の準備）
	第5回		林間保育（登山）
II	第6回	9	自由遊びとクラス活動（色水スプレー）
	第7回		自由遊びとクラス活動（運動会の練習）
	第8回	10	稲刈り（園外保育）
	第9回		運動会
	第10回	12	自由遊びとクラス活動
	第11回		自由遊びとクラス活動（劇遊び）
III	第12回	1	スケート教室
	第13回	3	クラス活動（卒園式の練習）
	第14回		クラス活動（卒園式の練習）

11：30　クラス活動（絵本、お弁当、集会）

12：15　クラス活動（ときには年齢別活動）

13：30　降園

3）E児の様子と保育内容

①第Ⅰ期（4～7月）

　観察当初のE児は、設定保育（クラス活動）に参加することは少なく、自由遊びでも一人で好きな遊び（独楽回し、ビー玉遊びなど）をしていることが多かった。自由遊びから設定保育場面への移行がスムーズではなく、途中で自分のやりたい遊びを中断させられるとパニックを起こす姿がみられた。パニックになると、椅子を投げる、ものに八つ当たりするなどの行動がみられた。A保育者がクラス活動や集会に誘っても応じないこともあり、一人遊び（独楽回しなど）を続けているか、または、立ち歩きをしたり、フラフラしていることがみられた。クラス活動において、A保育者はE児に対して無理にクラス活動に入れようとはせずに、E児が好きな活動をしていても柔軟に対応していていた。この時期はクラスの仲間との関わりはなく、A保育者やD保育者との関わりがみられた。E児は仲間や保育者の名前を覚えることはできない。7月くらいから、クラス担任であるA保育者との関わりが多くみられた。林間保育では、A保育者やB保育者、C保育者などクラスの保育者との関わりが多くみられ、クラスの仲間では、OがずっとE児と一緒に行動をしていて、OがE児の面倒をみていた。Oをはじめ M、Nとも林間保育では関わりがみられた。

②第Ⅱ期（9～12月）

　夏休み明けのコーナー遊びではE児の好きな色水スプレーを使った活動をB保育者が用意したので、E児は夢中になって参加した。そこに仲間のR、Mも参加し、一緒になって活動する姿がみられた。運動会では、自分が出場したクラス対抗リレーが1番になり、クラスの仲間意識がかなり生まれた。その後の稲刈り、クリスマスページェントなどのクラス活動にもかなり積極的に参加

第6章　インクルーシブ保育の実践研究——事例4：自閉症児の例

するようになってきた。

③第Ⅲ期（1〜3月）

休み明けのスケート教室、卒園式に向けたクラス活動にも積極的に参加するようになった。劇遊びや卒園式の練習などのときは、自分勝手に話さないことなどを保育者と約束して、自分の気持ちを抑える姿がみられるようになった。仲のよいOともけんかをする場面がみられ、ただお世話をしてもらう関係ではなく、対等に気持ちをぶつけ合うことができるようになった。クラスの仲間と一緒にいたいという気持ちが強くなってきたのか、行事にも我慢して参加するようになった。自由遊びのときには、クラスの女児のMと一緒に縄跳びをする、追いかけごっこをするなど、仲間との関係が広がり、また仲間との相互作用がかなり頻繁にみられるようになった。

4）関わった相手と回数

①保育者との関わり

保育者との関わりが多かったのは、1回、2回、3回、5回、6回、8回、12回、13回、14回である。1〜4回目は、E児は仲間との関わりが全くなく、保育者との関わりが多くみられた。5回目は宿泊を伴う林間保育での山登り、6回目はコーナー活動でE児の好きな色水スプレーを取り入れた活動、8回目は田んぼの稲刈りという行事保育である。9回目は運動会であったが、E児は保育者の誘導を必要とせず、プログラムに仲間と共にきちんと参加していた。14回目は、就学に向けて書字の練習をしたり、E児とD保育者が1対1でジャンケンゲームを行ったりして濃厚な関わりをもった。Ⅲ期では、A・B・C・D保育者はE児との関わりにおいて、E児が一日の活動内容を理解できるように絵を描いたり、文字で説明したり、活動内容の構造化を試みる行動が頻繁にみられた（Fig. 6.1）。

②仲間との関わり

仲間との関わりが多かったのは、5回、6回、8回、12回、13回、14回である。E児は前半の3回目を除いた1〜4回目は、仲間との関わりがほとんど

101

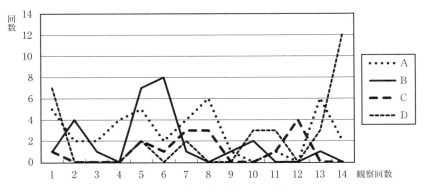

Fig. 6.1　保育者と関わった回数

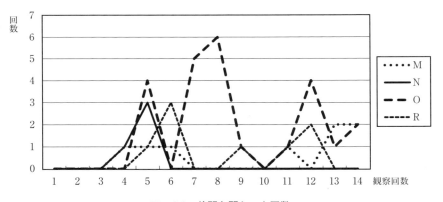

Fig. 6.2　仲間と関わった回数

なかったが、5回目以降に関わりが増えてきた。5回目は林間保育の登山であり、仲間と一緒に行動することが多くみられた。夏休み明けの6回目は、保育者がE児に配慮し、E児の好きな色水スプレーを取り入れた活動だったので、クラスの仲間がE児と相互作用をする機会が増えた。8回目は田んぼの稲刈り、12回目はスケート教室などの行事保育であり、スケートをする、稲を刈る、金魚の水槽を見学するなど活動内容が理解しやすいので、仲間との相互作用が増加したと思われる。13回目では縄跳び、14回目では仲間とふざけ合う

など、自由遊び場面において、E児と仲間との相互作用が数多くみられた（Fig. 6.2）。

5）関わった仲間（関わった内容と及び回数）

　E児と最も肯定的な関わりが多かったのがOである（Fig. 6.3）。Oは林間保育のときは、ずっとE児のそばにいて面倒をみていた。山登りも常に行動を共にしていた。E児がクラスの集団から遅れたり外れたりすると声をかけ連れ戻そうとし、また、食事のときは隣の席に座るなどE児の面倒をよくみていた。その後、運動会の練習、稲刈り、スケート教室など、行事のときの活動では、E児の面倒をみる関わりが多くみられた。

　次に多く肯定的に関わったのは、R、Q、Mである（Fig. 6.3）。Rは色水スプレーの活動のときにE児と一緒に楽しんだのがきっかけで、その後関わりがみられるようになった。Qは隣のクラスの男児であるが、3回目の自由遊びの木登りでは一緒にふざけ合う場面もあった。14回目でも、楽しく話す、楽しくふざけ合う等、友好的な関わりがみられた。以上の2名はいずれも男児で

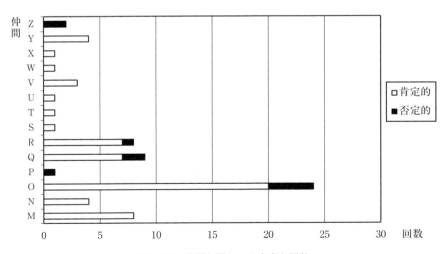

Fig. 6.3　仲間と関わった内容と回数

あった。女児ではMとの関わりがみられ、年中のときも同じクラスだったMは、E児の世話をやいたり、手助けしてくれるお姉さん的関わりがあった。E児の母親によれば、幼稚園の友達のなかで頻繁に名前が登場するのは、OとMであるという。OとMに対してE児も好意を抱いていたのであろう。E児はMに対して、関心を示し積極的に働きかけているが、MはI期ではE児の働きかけに対しては、避ける行動をしていた。例をあげると、E児がMと手をつなごうとすると、Mは嫌がって手をほどいてしまうなどである。しかし13回、14回では、MとE児は園庭で一緒に縄跳びをしたり、追いかけっこをしたりと、一緒に遊んでいる行動がみられた。またOに対しては、I期（1～5回）では、OがE児の世話をする関わりが多く、II・III期（6～14回）では、OとE児は一緒に遊んだり、活動をする機会が多くみられている。こうしたことから、E児はMやOという仲間との相互作用が形成され、頻度が増加してきたと思われる（Fig. 6.2）。

6) 自由遊び場面と設定保育場面における仲間との関わり

　自由遊びと設定保育とを比較してみると、5回、8回、12回、13回の設定保育のときに自由遊びでの仲間との関わりが増えている。5回目は林間保育の登山という設定保育、8回目は田んぼでの稲刈り、12回目はスケート教室である。これらの場面での自由時間において仲間と関わる機会があり、関わりが増えている。E児からすれば林間保育での登山やスケート教室などは、自分が何をすればよいのか、選択の余地がなく、行動の目的が明確でいわば構造化された状況にある。稲刈りでは足が濡れるのを嫌がり田んぼに入れなかったが、登山やスケート教室では仲間と楽しそうに過ごしているE児をみることができた。E児からみた場合、登山やスケート教室という保育活動では、山道を歩く、スケートをするという行動が、明確に理解できる状況であり、構造化された場面である。こうした場面では仲間と一緒に過ごすことができるので、関わりも増えることが考えられる（Fig. 6.4）。1回目から4回目までは、設定保育での仲間との関わりは低調である。これはE児からみて、クラスの活動で自分

第6章　インクルーシブ保育の実践研究——事例4：自閉症児の例

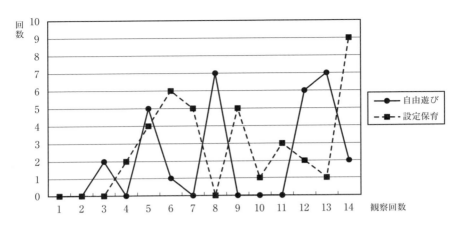

Fig. 6.4　自由遊びと設定保育において仲間と関わった回数

がどのように行動したらよいかわからず、フラフラして活動には参加していないからである。

　E児は3年目にクラス担任が替わったこともあり、保育者との関わりもまだ十分には形成されていないので、クラス活動にとどまることはなかなかできなかったのであろう。4回目では、林間保育に向けての話し合いという設定保育であったが、E児にとっては、保育者の話だけで林間保育をイメージすることは難しく、クラス活動で自分が何をしたらいいのか理解できず、クラス活動から離脱する場面がみられた。また8回目は田んぼでの稲刈りであったが、E児は泥の田んぼに入るのを拒否し、仲間との活動の関わりはみられなかった。

　自由遊び場面では、3回、5回、8回、12回、13回と仲間との関わりがみられた。3回目はQとの関わりで、一緒に木登りをして遊んでいた。5回目は登山をして山の広場に到着し、広場で自由にC保育者を交えてカエルをみつけて遊んでいた。8回目は、稲刈りの前に金魚の水槽をOと一緒にみて歩き、行動を共にしていた。12回目はスケート教室であるが、スケート教室に行く前にOやRとふざけ合いをして楽しんで遊んでいた。13回目は自由遊びのときに、女児のYと一緒に手を取り合って縄跳びをしたり、MやOと園庭で追い

105

かけっこをしていた。E児が楽しそうに仲間と関わっている様子がみられた。

7）保育者のインタビュー記録

　保育者のインタビュー記録（Tab. 6.3）から、以下のことが示された。

①E児と関わりの多かったOは、E児といることで自分の存在を感じていたのではないか。

②E児のことをかわいい、面白いと感じるころからクラスの仲間もE児を認めるようになった。

③E児の好きな活動や遊びを取り入れることで、E児も仲間と一緒に遊ぶ機会が増えた。

④E児は林間保育以降、クラスの仲間を意識して一緒の行動をしようという気持ちが出てきたようだ。濡れるのを嫌がるE児だが田んぼには仲間と一緒に入った。

⑤保育者がE児に対して、困った子どもというより、面白い子どもという見方に変化したころに、クラスの仲間も彼を認めるようになってきたのではないか。

⑥E児には遊びや保育において構造化した場面が必要で、配慮が必要な子どもである。

8）保護者のインタビュー記録

　夏くらいから変化したことは、自分の気持ちをコントロールできるようになったことである。ゲームの途中でも時間がきたら、やめることができるようになった。家では、OやMの話がよく登場する。3年目でやっとクラスの活動に参加できるようになった。E児は面白い子どもである。実験が好きで、お風呂場でいろいろなものを浴槽に浮かべ、浮かぶもの、浮かばないものなどを実験し、調べている。遊びの発想が面白い子どもである（Tab. 6.4）。

第6章　インクルーシブ保育の実践研究──事例4：自閉症児の例

Tab. 6.3　保育者のインタビュー記録

保育者	インタビューの内容
A	E児と関わりのあるOは、E児と関わることで、自分も居心地がいいのではないか。Oも同年齢の子どもと比べて幼い部分があり、E児に対して自分に近い存在として親しみを感じているのではないか。彼がいることで、自分の存在も感じているのではないか。O自身もなかなかクラス活動や遊びに入れなかった時期があった。 E児を担任した1学期の当初は、E児がパニックになることが多くて悩んでいた。ジャンケンで負けると、勝ちたいと言って泣き、輪投げをすると、自分がもっとやりたいと言っては泣くなど、パニックになるこが多かった。しかし、関わっているうちに彼の面白さや良さがわかってきた。そのころからE児もかなり変化してきた。同じころに、クラスの仲間も彼を認めるようになった。
B	E児は霧吹き（スプレー）が大好きで、いつもそれを使って遊んでいた。ある日、E児がそれを持ってきたので、それに絵の具を溶かした色水を入れて絵を描かせたら、とても夢中になって取り組んだ。コーナー保育で霧吹きに色水を入れて絵を描く活動は、E児の遊びから取り入れたが、彼と一緒に活動に参加する仲間が増えた。わらべ歌もE児の好きな遊びである。自分の好きな活動ではクラス活動でも我慢してみることができるようになった。クリスマス劇遊びでは、自分の出番がなくても仲間の活動を静かにずっとみていることができるようになってきた。
C	E児は林間保育の後、クラスの仲間と一緒にいることを意識するようになった。田んぼでの稲刈りも初めは一緒に行くことを嫌がったが、一緒に行動した。泥だらけの田んぼや水に濡れるのを嫌がるE児だが、「みんなが行くから行く」と言ってクラスの仲間と田んぼの水路に入ったり、後半の場面では一緒に田んぼに入ったりしたことから、ずいぶん行動が変化したと思う。E児がクラスの仲間と一緒にいたいという気持ちを大事にしたい。
D	E児は独楽に夢中で得意でもあった。それを保育者や仲間たちから認められるようになり、そのころから問題行動を起こす子どもというよりも、独楽の得意な子どもというように見方が変わってきた。そして全体集会にも参加できるようになってきた。困った子どもから面白い子どもへと保育者の見方が変わってきた。仲間たちも彼を認めるようになってきた。ゲームは始めから終わりまで同じルールならわかりやすいので参加できるが、ルールが複雑に変化していくゲームへの参加は難しい。E児には構造化が必要で、遊びや保育にはそういう配慮は必要である。最近は保育者とE児が話し合うことで、自分のやりたいという気持ちとも折り合いをつけることができるようになってきた。

Tab. 6.4 保護者のインタビュー記録（要約）

最近大きく変わったことは、自分で自分をコントロールすることができるようになったこと。ゲームで遊んでいて約束の終了時間がくると、途中でもゲームを「あと○分したらやめようね」と言うと聞き分けができるようになった。夏くらいから少しずつ気持ちの切り替えができるように変化した。林間保育では、生まれて初めて親と離れて過ごすことができるようになった。林間保育で家を離れて泊まるのは嫌だと言っていたが、やってみようかという気持ちになっていった。歩き始めたのは1歳半だった。視線が合わず、専門機関に相談に行った。言葉が遅かったので、2歳から言葉の発達のために専門機関に通うようになった。その後は現在までずっと療育センターに毎週通っている。家では、幼稚園の同じクラスのO君のことが話題になる。幼稚園で一番遊んでいる友達で、あだ名で呼んでいる。友達の名前が覚えられず、家では、いまだにあだ名（E児がつけたニックネーム）で呼んでいる。「今日はOとけんかしたよ」とか、「○○ばーさん（女の子）と遊んだよ」などと話している。幼稚園のO君やMさんのことが好きなようだ。幼稚園では、初めの1年は、全く幼稚園の活動に入っていなかった。園庭で過ごしていた。2年目はときどき、なかに入っていた。3年目でようやく活動に参加できるようになった。E児は面白い。遊びの発想が豊かで面白い子どもだと感じている。

6・4　考察

1）相互作用のプロセス

1年間における仲間関係の変化を次の3つのプロセスに分けて考察する

①クラス担任の保育者との関係づくりの時期（第Ⅰ期：4～7月）

幼稚園で3年目を迎えるE児だが、まだまだ自由遊びでは一人で遊んでいる状態が目立った。クラス活動などの設定保育では保育者の誘いに応じるときもあるが、一人で遊び続けるか、園庭でフラフラしている様子もみられた。D保育者の話かけに応じたり、甘えに行ったりしている姿もあった。クラス担任のA・B保育者との関係がつくられてからは、クラス活動にも参加するようになってきた。林間保育ではA・B・C保育者との関わりも増えて安定した関係が形成され、クラス担任の保育者に甘えるところも出てきた。林間保育では、同じクラスの男児と一緒にお風呂に入ったり、食事をしたり、就寝したりと共に生活を過ごすことにより、仲間との関わりができる機会になったと思われる。林間保育中に母親に会いたい、家に帰りたいと泣いてしまったE児だが、

第6章　インクルーシブ保育の実践研究——事例4：自閉症児の例

保育者になだめられ、なんとか落ち着いた。
②クラス仲間との関係形成の時期（第Ⅱ期：9～12月）

運動会に向けた練習では、綱引きやリレーなどの勝敗にこだわり、クラスの仲間と共に負けると悔しがる姿もみられ、仲間意識が出てきた。運動会でのクラス対抗リレーでは、自分も走ってバトンをしっかり次の仲間に渡すなどスムーズな行動ができた。結果は1位で、クラスの仲間と一緒になって喜んだ。身体が水に濡れること

運動会の練習風景

や泥にさわるのを嫌がるE児だが、クラスの仲間が田んぼでの稲刈りに行くなら自分も一緒に行くと言って行動した。実際に田んぼに入る場面ではなかなか入れずにいたが、稲刈りの最後の場面では仲間と一緒に稲刈りをする行動がみられ、仲間と行動を共にしたいというE児の気持ちが伝わってきた。
③クラス仲間との相互作用を楽しむ時期（第Ⅲ期：1～3月）

自分からクラス仲間のOやRに働きかけ、ふざけたり、ときには遊び（独楽回し）のなかでけんかをしたりと活発な相互作用がみられた。また、今まではあまり関わりがなかったクラスの女児とも追いかけっこや縄跳びを一緒にするなど、クラスの仲間にも広がりが出てきた。クラスの仲間においてE児の存在が認められているのか、集会や卒園式の練習でも特に問題行動はみられず、自分の順番をしっかり待つことができ、参加できるようになった。劇遊びや集会、卒園式の練習でも、自分の出番がなくても感情をコントロールできるようになってきた。

仲間との相互作用において、E児と保育者との関係の形成や深まりが背景にあることが、E児が安定して活動するために必要である。保育者たちのE児の存在を排除しない思いやクラスの仲間に理解してもらいたいという気持ちが

109

クラスの仲間に伝わり、E児を含めたクラスの仲間の関係が徐々に形成されてきた。クラス対抗リレーで、E児も自分の役割をきちんとこなして優勝したことを、クラスの仲間たちと喜び合ったことが、E児と仲間とのつながりを深めた。E児がクラス活動から外れそうになると、そっとE児の手を取ってクラス活動に戻すOや、卒園式の練習で呼ばれて返事をしないE児を隣で小さな声で促してくれるMという仲間ができた。E児を認め受け入れてくれるクラスの仲間が存在していることで、E児もクラスのなかに居場所を感じているのではないだろうか。

　仲間との相互作用の形成にはA・B保育者の保育配慮が深く関わっている。「E児の好きな活動をクラスの活動に取り入れる」ことや「クラスのなかにE児の居場所をつくる」ことなど、E児をクラスの仲間に何とか認めてもらいたいという保育者集団の意志が強く働いていると思われる。保育者のインタビュー記録によると、初めのころA保育者はE児を困った子どもだとみていたが、やがて、面白い子どもであると見方が変化してきた。このことが一つのきっかけとなり、クラスの仲間たちもE児を認めるようになったのではないだろうか。統合保育において障がい児と健常児との相互作用を高めるには、保育者の役割や働きかけが重要という指摘（Odom & Strain, 1986; Lord & Magill, 1994, 小山・池田 1995, 東 2001, 小山 2003, 東 2004）があるが、E児をクラスの仲間に受け入れて認めてもらいたいという保育者の保育配慮が、E児とクラスの仲間の相互作用を高めてきたと考えられる。保育者が障がい児を受け入れてクラスに居場所をつくることは、同じクラスのすべての子どもにとっても居場所ができることにつながるのである。インクルーシブ保育においても統合保育と同様に、保育者の役割や働きかけが重要であるという結果であった。

2）構造化と相互作用

　自閉的な子どもには保育者が活動を構造化して、わかりやすい環境設定をすることが必要である。構造化には「空間の構造化」「時間の構造化」及び「活動内容の構造化」が必要である（梅永 2008）。空間の構造化とはクラスの物理

的環境設定のことであり、ロッカーや机、椅子、コーナーの配置により、子ども自身が自分で行動できるような動線になっているかということである。時間の構造化とは、視覚的な情報（絵）などの設定のことで、一日の流れ、現在の活動の流れなどについて子どもが見通しをもって活動できるようにすること。活動内容の構造化とは、視覚的情報により、現在の活動が何をする活動なのか、いつごろまでに何を行うかなどをわかりやすく提示することである。

　こうした視点から保育活動をみてみると、前期ではE児に対して十分配慮がなされなかった部分もあると思われる。保育者も初めてE児を担当するので、対応への戸惑いもあったと考えられるが、設定保育の1～4回では、E児にとって何をすべき活動かは、わかりにくかった面があったと思われる。例をあげれば、4回目は林間保育に向けた話し合いという活動であったが、林間保育はE児にとって経験がないため、保育者の話だけではイメージしにくかったのではないだろうか。話し合いという活動において、自分が何をしたらいいのか理解できなかったので、クラス活動から逸脱し、フラフラした行動に出てしまったのではないかと推察できる。林間保育など未経験の活動は、言葉で説明するよりも映像や写真など視覚的な情報を提供すれば、具体的にイメージしやすかったのではないだろうか。設定保育では、E児にとって理解可能な活動内容であれば、E児は仲間と一緒に活動に参加することができることを示している。

　今後は、こうした保育場面における時間と活動内容の構造化を事前に保育者同士で検討するなど、活動内容への配慮が必要と思われる。

3）E児自身の要因

　E児は自閉的な幼児というよりは、一人の個性的な面白い子どもである。保育者や保護者のインタビュー記録にも、E児は面白い子どもであるという見方がある。E児は実験好きで、何でも試したいのである。「先生、○○したら、どうなる？」E児の考えるアイデアは奇抜で面白い。E児の遊びを取り入れてクラスで一緒に遊びにしたこともある。例えば独楽回しである。何秒間、自

分の独楽が回っているかで競う。そこでE児はクラスの仲間に認められた。遊びが面白いE児という存在。コーナー保育で仲間がお団子を作って遊んでいたら、E児は紙でお金を作って買いに来た。紙でお金を作るという発想も面白い。仲間のなかでも、E児は必要な存在になってきている。家庭でもE児を面白い子どもと受け止めている。お風呂での実験が面白い。風呂の浴槽で、浮かぶもの、浮かばないものを調べるために、いろいろなものを持ち込んで実験をする。自分で気になることや知りたいことがあると、調べたり、試したり、聞

コーナー保育でのお団子作り

いたりする態度が面白い子どもという特長をもっている。E児のユニークな発想、遊びの考案はクラスの仲間に受け入れられ、面白い子どもとして認められていることで、自己肯定感も育ってきている。E児はかわいげのある子どもであり、愛される子どもである。保護者や保育者に受け入れられ、認められ、クラスの仲間にも受け入れられている。

4) 仲間の要因

今回、E児と最も相互作用が表れたOはクラスのなかでも幼く、O自身もクラス活動に入れない時期があったことから、Oにとってはクラス活動に参加していないE児の世話をすることが自分の居場所をつくっていたのではないかと思われる。E児は、Oにとっても必要な仲間であったと思われる。E児の面倒をみることで、クラスのなかでの自分の存在が明確になり、Oにとっても居心地のよいクラスになっていったのではないか。なぜOがE児に関心をもったかは不明であるが、クラス活動に参加せず、一人で好きな遊びをしているE児を羨ましく思っていたのではないか。自分もクラス活動に参加しない

で、好きな遊びをE児のようにしたいが、今はそれをするべきでないという暗黙のクラスのルールを守っている。だから守っていないE児を連れてくることで、自分の評価を高めたいという心理もあるだろう。クラスの仲間に入りきれないOにしてみれば、E児は自分を高めてくれる存在であり、自分と近い親しみを感じる仲間なのであろう。

　Mは、最初はE児の誘いを避けていたが、E児が運動会や劇遊びに参加するようになってからE児の存在を徐々に受け入れてきたのではないか。E児はI期ではクラス活動中に奇声を発したりすることがあったので、MはE児をうるさい子どもとみていたようである。E児が林間保育中にMと手をつなごうとしたが、Mは嫌がって手をのけた際に、E児のことを、「おしゃべりでうるさいから」と言っていた。しかし、E児が劇遊びで自分の順番がくるまで静かに着席していられるようになり、感情をコントロールできるようになるにつれ、III期ではE児と縄跳びを一緒にするなど相互作用がみられるようになっている。MがE児と関わるようになって、クラスの他の女児もE児と関わるようになっていった。Mはクラスではリーダー的存在である。卒園式の練習では、保育者に呼ばれて返事しないE児を隣の席で返事をするように援助していたのである。

5）保育者の要因

　内山（2009）は発達障がいをもつ幼児期の指導について、①子どもの特徴をつかむ、②子どもにわかる伝え方をする、③得意なことや興味があることに注目する、④自己肯定感を育むことを指摘している。E児と関わるクラス担任や保育者は、E児の好きな遊びや興味を観察し、その遊びをコーナー活動やクラス活動に取り入れていた。また、E児の得意な遊び（独楽回し）を認めることで彼の自己肯定感を育み、その遊びをクラスの仲間に伝えることで、E児はクラスの仲間に認められてきたのだと思われる。障がい児と健常児との相互作用は自然の成り行きに任せていても高まることは少ないと指摘されているように、両者の相互作用を活発にするには保育者の果たす役割が大きいと思われ

る。まず保育者がE児と関わり、E児とクラスの仲間が関わる機会をつくり、E児と健常児の両方に関わり方を伝え、健常児は保育者の関わり方をモデルにしながら、E児との関わり方を学ぶ。E児に対しては遊びのルールやゲームの仕方を伝える。それを繰り返しながら両者の相互作用が高まっていくのである。4～6月ごろ、A保育者は、E児がクラス行動から外れるたびに彼を連れ戻していた。7月の林間保育で、グループで歩いて移動する場面では、寄り道してグループから遅れるE児を連れ戻していたのはOである。OはA保育者のモデルの行動を学習し、行動していたのである。自由遊びの場面や設定保育の場面でも、K幼稚園の保育者はE児との1対1の関わりをとても大切にしていた。その時間はわずか数秒でも数分でも、保育中にE児と関わる時間を大切にし、ときには甘えてくるE児をぎゅっと抱きしめる、話しかけてきたE児の言葉を頷いて聞き、愛情深く個別に対応する行動が観察された。こうした保育者の行動は、障がいのあるなしにかかわらずどの子どもにもなされていたが、不安であったときやうれしいときにE児はその都度、A・B・D保育者のそばに行き、保育者に受け入れられ、安定した信頼関係が形成されていったのである。 障がい児と健常児との相互作用を高めるには、保育者の役割や保育上の配慮など、保育者の要因が深く関わっていることが今回の研究から示された。

6) 保育内容（コーナー保育）と相互作用

　対象園はクラス編成が3～5歳の異年齢構成であり、自由遊びの時間はコーナー保育の時間でもある。コーナー保育はK幼稚園の大きな特徴であり、コーナー保育に伝統的に取り組み、実践研究を行っている。登園すると、園児は各々の好きな活動や遊びを選択して、それぞれが思い思いに打ち込んでいる姿がみられた。動物の飼育（チャボ、あひる、ウサギ、カメ）、砂場、宇宙基地づくり、水彩画、積み木、ままごと、運動サーキット、紙製作や粘土製作などさまざまなコーナー保育があり、保育者がそれぞれのコーナーで子どもと関わっている。場所は園庭や飼育小屋、園庭に面した廊下、室内（クラス、ホール）と

多様なスペースである。E児は、あひるの池の掃除をしたり、運動サーキットや砂場で遊んだり、紙製作をしたりと好きな活動に取り組んだが、こうした遊びで子どもと出会い関わる機会に恵まれた。好きな活動を一緒にすることで自然に仲間と関わる機会を得ていった。QやRは自由遊びで関わることが多かった。複雑なルールが

コーナー遊び

ない好きな遊びであれば、ずっと一緒に関わることができた。コーナー保育では、子ども同士の相互作用が自然に高まる機会があると思われる。コーナー保育は、子どもが自発的に活動を選ぶことができ、興味や関心が似ている子ども同士が関わる機会があり、一緒に遊ぶことができる。このような活動は、障がい児と健常児との相互作用を高めるものとして有効であると思われる。加藤（2009）が、コーナー遊びこそが自由保育の目指すものであり、そこで出会う仲間のなかで子ども一人ひとりの成長があると述べているように、障がい児と健常児がコーナー活動（遊び）を通じて共に関わり合う場となっている。一斉保育や一斉活動が多い保育内容であれば、障がい児にとっては、自分の興味がなく、参加の方法もわからなければ、その場にいるのは不安で苦痛であり、仲間と一緒に関わる機会もないであろう。そして一斉活動に参加できず、パニックを起こす障がい児は、クラスの仲間から保育活動を乱す子どもとして否定されかねない。そういう意味では、障がい児が多く在籍するK幼稚園では、子ども任せの自由遊びではなく、コーナー活動で障がい児と健常児が自発的に遊ぶなかで、保育者が子ども同士の関わりや相互作用を高めたり、子ども同士の関係を育てる保育環境を大切にしている。

7）小学校での特別支援教育の基礎資料

　2007 年から特別支援教育が学校教育法に位置づけられ、学校教育現場で実施されることになった。小学校や中学校の通常学級に高機能自閉症や学習障がい、ADHD などの発達障がいの子どもが在籍し、特別支援教育が開始されている。発達障がい児は、特別の教育的配慮を要する子どもたちである。通常学級で障がい児にとってわかりやすい・理解しやすい内容の授業の進め方・内容が求められる。そのことは健常児にとっても支援が必要な子どもにとっても有益なことである。教師が障がい児を尊重して関わることは、クラスの健常児にもよい影響を与える。教師が障がい児に教育的配慮をして構造化したり、環境を整備して障がい児にも理解しやすい授業にすれば、他の子どもにとっても有益な授業になる。担任教師が障がい児と遊んだり関わったりすれば、他の子どもたちも障がい児に関心を示して、相互作用が生まれる機会になる。しかし、教室にいる障がい児担当の学習支援員や特別支援員に任せきりにしてしまうと、障がい児と他の子どもとの相互作用は生まれにくくなると思われる。現在の通常学級の特別支援教育をクラス担任一人に任せてしまうのはあまりにも担任教師の負担が大き過ぎる。さりとて学習支援員に障がい児の学習や行動管理を任せて授業を進めてしまうのも問題である。K 幼稚園でのインクルーシブ保育において、保育者が E 児をクラスの仲間に認めてもらおうと保育配慮した結果、クラス仲間と相互作用が生まれたことは特別支援教育でも参考になると思われる。つまり、通常学級のクラス担任は、授業やクラス活動で障がい児を排除せず、クラスの仲間に認めてもらうようクラスのなかに居場所をつくろうと、教育的配慮をすることが大切である。そのことが他の子どもにとっても居場所をつくることになり、一人ひとりが大切にされ、いじめがなく、不登校の予防につながる仲間づくりになるのではないかと思われる。

第6章　インクルーシブ保育の実践研究——事例4：自閉症児の例

6・5　総合考察

　これまで自閉的な幼児は一般的に健常児の仲間との相互作用が低率であり、高めるのは困難であると指摘されてきたが、E児の場合は、クラスの仲間との相互作用が高まり、いろいろな仲間との相互作用もみられるようになってきている。これには保育者の要因が大きく関わることが示された。また相互作用には、保育の構造化と関係があるといわれているが、この問題を検討するには、場面と相互作用の頻度を実験的に計画して検討する必要がある。

　今後は、コーナー保育やクラス活動において構造化した場面を設定し、そこでの相互作用の頻度や内容を客観的に検討することが課題となるであろう。また自閉的な幼児が好む遊びや興味・関心によって仲間との相互作用の機会が異なってくるので、対象となる自閉症児の事例を増やし、相互作用について検討していく必要がある。さらには健常児の要因の検討も必要であろう。なぜ健常児がE児に関心をもち、関わったのかを詳細に検討することが重要である。今後の課題は、相互作用に関わる構造化の要因、障がい児の要因及び健常児の要因などを総合的に検討していくことである。

6・6　まとめ

　自閉症児のE児を観察して、渡部（2001）の指摘する「状況に埋め込まれた学習」がいかに大切であるかが理解できた。E児は4〜7月は保育者との関係で信頼関係を築き、9〜12月にかけては保育者を通じて仲間関係を形成し、仲間と一緒に行動したい、活動に参加したいという行動がみられ、運動会でも見事にリレーで自分の役割を果たし、クラス対抗リレーでは1位に導いている。水に濡れたり泥で汚れたりするのを嫌がるE児だが、仲間が田んぼに入って稲刈りをしているのをみて、ついには自分も入って稲刈りをする。仲間といたいというE児自身の思いから、仲間と共に行動するようになり、仲間との

社会的相互作用が増えたのである。「クラスのなかに E 児の居場所をつくる」
という保育者の意思により、E 児が仲間と関われるようになり、相互作用が高
まっていったと思われる。

第7章

インクルーシブ保育における保育者の役割

7・1　はじめに

　本章では、インクルーシブ保育の実践をしている幼稚園の保育者と統合保育を行っている保育者を対象として、インタビュー調査を行った研究を報告する。

7・2　インクルーシブ保育を行っている保育者の意識

1）研究目的

　東京都内にある K 幼稚園は 1966 年より統合保育に取り組んで 51 年、最近はインクルーシブ保育に挑戦している。インクルーシブ保育とは、障がいのあるなしにかかわらず、すべての幼児の保育ニーズが満たされる保育である。インクルーシブ保育においては保育方法や保育者の要因が大きい（小山 2011）ということからも、保育者の意識を明らかにすることは、インクルーシブ保育の実践を進めるうえで重要と思われる。本研究では、インクルーシブ保育における保育者の意識を明らかにすることを目的とする。

2）研究方法

① K 幼稚園の概要

　在園児数 130 余名、1 クラス 27 〜 28 名、3 歳・4 歳・5 歳の異年齢保育、1

Tab. 7.1 対象者の属性

対象者	職種	性別	現職（経験年数）
T 先生	副担任	女性	20 年
K 先生	障がい児担当	女性	6 年（他の幼稚園勤務歴 10 年あり）
S 先生	副担任	女性	24 年
P 先生	障がい児担当	男性	10 年
G 先生	担任	女性	4 年
O 先生	副担任	男性	2 年
M 先生	副担任	女性	2 年
A 先生	副担任	女性	1 年

クラスを 3 名の保育者で担当し、うち 1 名は障がい児担当である。在園児数における障がい児の割合は 10％を超え、障がいの種類も知的障がい、運動障がい、病弱虚弱、広汎性発達障がいなどさまざまである。

②**保育方法**

　K 幼稚園では、健常児の集団に障がい児を入れる統合保育ではなく、障がい児も健常児も参加できる保育プログラムや活動を工夫して実践している。その一つがコーナー活動であり、子どもたちは自分で好きなコーナー活動に参加している。また障がい児については、一人ひとりの保育ニーズに応じた個別的な関わりや配慮をクラスの担当者が行っている。

③**インタビュー実施時期**

　平成 2△年 1 月上旬〜3 月末

④**対象者**

　K 幼稚園においてクラス担任している保育者 8 名を対象として保育者の意識についてインタビューを行った。対象者の属性を Tab. 7.1 に示す。

⑤**インタビュー項目**

　ア）障がい児担当の先生への希望の有無

　イ）障がい児について

　ウ）障がい児に対する保育上の工夫、苦労や悩みについて

　エ）健常児と障がい児を一緒に保育することについて

オ）障がい児をクラスの一員と認めるために健常児にどのような働きかけを
　するか

　インタビュー回数は1～2回、場所は幼稚園内の一室を使用し、半構造化面
接によるインタビューを行った。また、対象者の許可を得てIC レコーダに録
音した。

3）分析方法

　本研究の目的は、保育者の意識について明らかにすることから、対象となる
保育者ごとに分析をする事例検討を行った。具体的な手続きとして、録音した
インタビュー内容を逐語録に起こし、記述された文章をKJ法（川喜田 1967）
により分析を行った。

4）結果

　8名の対象者のKJ法による分析結果は以下の通りである。上位ラベル2枚
を選出した（注：【　】は上位ラベル）。

① T先生：【インクルーシブ保育を行うには、クラス担任もどの保育者も障が
　い児に対する技術が必要だ】【障がい児だけのグループも必要である、一方
　でクラス活動での一緒に健常児と関わる活動も必要である】

② K先生：【障がい児は障がい児担当の先生に任せるのではなくて、クラス担
　任も他の子ども同様に一緒に障がい児をみる気持ちが必要】【クラス活動、
　コーナー活動で障がい児と健常児が共に関わりができるような遊びを配慮す
　ることが必要】

③ S先生：【クラスのなかで障がい児が認められるような場をつくる】【クラ
　スのなかで障がい児がクラスの一員として受け止められるよう、すべての子
　どもを巻き込む保育が楽しいと感じる意識が必要】

④ P先生：【障がい児担当は複数の障がい児をみているので手がいっぱい】【障
　がい児担当は障がい児だけをみて、クラス担任は健常児だけをみてしまうの
　でインクルーシブ保育は難しい】

⑤G先生：【クラスにいるどんな子どもも子ども同士のつながりを大切にしたい】【障がい児のケアは難しい】

⑥O先生：【障がいのある子どもを全部好きにはなれない】

⑦M先生：【障がい児担当はやってみたいが、障がい児だけに関わりをもち、クラスの他の子どもに目がいかなくなるかもしれない】【障がい児を含めた劇遊びは難しいが、一緒に劇遊びをすることで、クラスの健常児に障がい児を認めてもらえる機会になる】

⑧A先生：【障がいは個性の一つ、クラスの子どもと変わらない】【どうしても障がい児を健常児の集団に入れようとしてしまう】

5）考察

　対象者のKJ法上位ラベルから、インクルーシブ保育を進めていくうえで【クラス担任もどの保育者も障がい児に対する技術が必要だ】【障がい児は障がい児担当の先生に任せるのではなくて、クラス担任も他の子ども同様に一緒に障がい児をみる気持ちが必要】という保育者の意識からは、クラス担任や障がい児担当という垣根を外して、障がいのあるなしにかかわらず、すべての子どもの保育ニーズに応える意欲が読み取れる。一方、【障がい児担当は障がい児の対応だけで手がいっぱい】【障がい児のケアは難しい】【どうしても障がい児を健常児の集団に入れようとしてしまう】という障がい児担当の難しさや保育の対応の困難さを痛感している保育者がいる。すべての子どもの保育ニーズに対応するインクルーシブ保育の実践が障がい児のケアとクラスの子どもへの対応の両立という現実の壁にぶつかっていると感じている保育者の意識ともうかがえる。しかし【クラス活動、コーナー活動で障がい児と健常児が共に関わりができるような遊びを配慮する】【クラスのなかで障がい児がクラスの一員として受け止められるよう、すべての子どもを巻き込む保育が楽しいと感ずる意識が必要】という保育者の意識が幼稚園の保育者全体に広がり共有されていくことで、インクルーシブ保育の実践が発展すると思われる。

7・3　統合保育を行っている保育者の意識

1）研究目的

　研究の対象となる東京都内のS幼稚園は、1951年に開園し、1970年ごろから統合保育に取り組んでいる。統合保育では、障がいのある子どもがそうでない子どもと一緒に過ごすことが、障がいのある子どもにとって重要であるとされてきた。統合保育においては、障がいのある子どもとない子どもを保育するうえで、保育上のさまざまな配慮が求められ、保育者の役割は大きいといわれている。その意味で保育者の意識を明らかにすることは重要であると思い、検討することとした。

2）研究方法

①S幼稚園の概要

　昭和26（1951）年開園し、在籍する全園児数は110名。クラス編成は、年長32名、年中46名、年少32名の年齢別編成（横割クラス）、3歳・4歳・5歳児クラスに分かれる。

　教師数は、クラス担任1名とフリー職員の合計2名で1クラスを担当している。

②実施時期

　平成2□年1月上旬～3月末

③対象者

　統合保育を行っている保育者6名を対象として、保育者の意識についてインタビューを行った。対象者の属性を Tab. 7.2 に示す。

④インタビュー項目

　　ア）障がい児担当の先生への希望の有無

　　イ）障がい児について

　　ウ）障がい児対する保育上の工夫、苦労や悩みについて

Tab. 7.2 対象者の属性

対象者	職種	性別	以前の勤務歴	経験年
H 先生	年少担任	女性	保育所 5 年	10 年目
S 先生	年中担任	女性	なし	9 年目
O 先生	年少担任	女性	なし	6 年目
SK 先生	年長担任	男性	なし	5 年目
K 先生	年中担任	女性	保育所 1 年	4 年目
Y 先生	年長担任	女性	保育所 1 年	3 年目

エ）健常児と障がい児を一緒に保育することについて

オ）障がい児をクラスの一員と認めるために健常児にどのような働きかけを
　するか

　インタビュー回数は 1 ～ 2 回、場所は幼稚園内の一室を使用し、半構造化面
接によるインタビューを行った。また、対象者の許可を得て IC レコーダに録
音した。

3）分析方法

　録音したインタビュー内容を逐語録に起こし、記述された文章を KJ 法（川
喜田 1967）により分析を行った。以下、上位ラベル 2 枚を選出した。

4）結果

①H 先生：【子どもたちに障がいのことは言わないようにしているが、障がい
　自体を特別にしていないので子どもを区別しない】【障がいのある子どもと
　の具体的な関わりは難しく、手段や工夫が必要。集団活動をするうえでは障
　がいがある人の割合が少ないとどちらにもよい刺激になる】

②S 先生：【クラス運営のなかで障がい児にどのように接すればよいのか手立
　てがみつからず、叱責につながった。保護者にも意見をうかがって決めると
　いうことを大切にしている】【障がいのある子どもがクラスのなかにいても
　他の子とあまり変わらない。クラスでのトラブルは多いが、子ども同士お互
　いの関わりのなかで変化していく】

第7章　インクルーシブ保育における保育者の役割

③Ｏ先生：【子ども同士刺激を受けることは必要だが、健常児と障がい児を一
　緒にするには割合や人手などを考えないといけない】【年少クラスの子ども
　たちなので、障がいの有無は関係なくみなが楽しいことを第一に考え、集団
　を教えてあげる】

④ＳＫ先生：【個別指導を行い、第三者的な見方ができるようになってきたが
　不安もある。保護者への報告の役割だが後回しになってしまうことが多い】
　【その子の障がいによって違うと思うが、健常児と障がい児を一緒に保育す
　ることは刺激を受けるという意味でよい】

⑤Ｋ先生：【健常児と障がい児を一緒に保育することは刺激を受けてよくなる
　と思うが、障がいの度合いによっては負担も考えられる】【障がいは個性の
　一つ。障がいの有無にかかわらず、一人の子どもとしてみている】

⑥Ｙ先生：【障がいのある子どもの得意な部分をみつけてあげ、集団のなかで
　よい経験をさせてあげたい】【障がい児に対してどのようにしたらいいのか
　わかっていないときがあるが、子どもたちの成長をサポートし、関わってい
　き、勉強になっている】

5）考察

　対象者のＫＪ法による上位ラベルからは、【子ども同士お互いの関わりのな
かで変化していく】【障がい自体を特別視していないので、子どもを区別して
いない】など肯定的な発言は８件である。それに対して否定的な発言は、【障
がいのある子どもとの関わりは難しく、手段や方法が必要】【個別指導を行
い、第三者的な見方ができるようになってきたが不安もある。保護者への報告
の役割だが後回しになってしまうことが多い】などが12件みられた。否定的
な発言に関しては、【健常児と障がい児を一緒にするには割合や人手などを考
えないといけない】【クラス運営の中で障がい児にどのように接すればよいの
か手立てがみつからず、叱責につながった】など障がい児への具体的な対応の
難しさを訴える内容の発言も多くみられた。統合保育は、障がい児と健常児の
子ども同士の関わりがあって、お互いにいい刺激になるという考え方がある一

125

方、障がい児への対応の難しさや、健常児との一緒の生活は難しいという現実的な見方も散見される。統合保育という枠組みを見直してインクルーシブ保育を考えていかなければ、こうした保育者の意識は変わらないであろう。

7・4　インクルーシブ保育の保育者と統合保育の保育者の意識の考察

1）K 幼稚園の保育者の意識

クラス担任も障がい児担当者もすべての幼児にも関わり、保育する。クラス担任であっても障がい児と関わり、障がい児担当であっても健常児と関わる。1クラス3名の保育者で対応する。クラスを3グループに分けて活動するときもあれば、障がい児担当者は障がい児のグループ活動をしているときもある。クラス担任であれ障がい児担当者であれ、クラス活動では保育者の役割は固定せず、柔軟に変化する。つまりクラス担任も障がい児への対応が可能であり、障がい児担当も健常児集団への対応が可能である。ここではクラス担任も障がい児への専門性をもち、障がい児担当も健常児グループに対応する専門性が必要となる。インクルーシブ保育では、どの子どもにも居場所があり、障がい児であれ健常児であれ、すべての子どもが必要な支援を受けられることが前提であるため、保育は柔軟で、多様な保育活動に中心を置いている。

2）S 幼稚園の保育者の意識

1クラスの2名の保育者で担当している。クラスに障がい児がいれば、1名の保育者が障がい児の担当となる。この幼稚園の統合保育では、健常児の生活や保育プログラムが行われているなかで、障がい児の保育も並行して行われているので、障がい児担当は、障がい児に関わりながら健常児の集団生活に合わせることが多くなり、そのギャップから、障がい児への対応に悩むことがある。また障がい児の専門家ではないので、その保育に悩むことも多い。すべての子どもに丁寧に対応するには、障がい児担当以外にも人手が必要である。障がい児がいて、健常児がいて、両者がいい刺激を受け合い、成長することは

第 7 章　インクルーシブ保育における保育者の役割

統合保育のよさだと意識ではわかっているが、いざ障がい児への対応を考える
と、どのように対応したらよいのかが悩みであり、不安であるという意識の葛
藤があると思われる。こうした悩みは、健常児中心の保育に障がい児を統合し
ていく統合保育からインクルーシブ保育に転換し、保育方法を見直して保育内
容を変えない限り続いていくと思われる。

第8章

仲間関係の要因

8・1　はじめに

　本章では、自閉症児C君の事例（第4章の事例）及び自閉症的な幼児E児の事例（第6章の事例）から、障がい児と健常児の仲間関係について考察する。

8・2　統合保育の事例──自閉症児と健常児の仲間関係

1）対象児について

　C君：平成△年12月生まれ。12歳、S県K市立小学校6年ひまわり組（知的障がい特別支援学級）在籍（観察当時）。家族は母親（会社員）と本児の2人家族。C君がD保育所に入所在籍しているときから、筆者は関わりをもち、ずっと行動観察を続けている。小山（2003）の論文はC君を対象児として取り上げたものである。本報告では、小学6年生のC君を対象児として報告するものである。

①生育歴

　1歳6か月より、KW市D保育所に入所。3歳児健診時に言葉の遅れを指摘され、S県のS大学病院精神科を受診。自閉症と診断される。S大学病院精神科言語外来には、現在も月に2回程度通院し、個別治療を受ける。服薬なし、身体合併症なし。

129

②保育所

1歳6か月よりD保育所に入所、卒園まで4年6か月通園。4歳、5歳と2年間異年齢保育を受ける。異年齢保育は、3歳児、4歳児、5歳児が一緒のクラスで生活する保育形態である。また、障がいのある幼児とない幼児との統合保育に取り組んでいる。

③保育所のときの友人関係

保育所時代に仲のよかった友人は、男児ではOY君、KH君、女児ではASさんであった。

④小学校

保育所卒園後は、仲間と同じ地区の公立のG小学校に入学。在籍は「コスモス学級（特別支援学級）」である。コスモス学級の在籍児童数は5名。6年生はC君のみ。通常学級の児童との交流は、朝のプレイタイム（自由時間）、音楽の教科のときである。他に林間学校、運動会、修学旅行といった学校行事も一緒に行動する。通常学級の交流先は6年○組である。

2）調査方法

①インタビュー調査

1対1の半構造化面接で、次の2人の先生に小学校の空き教室を利用して行った。会話はテープレコダーに録音した。

ア）C君の特殊学級の担任A先生

イ）C君の通常学級との交流教育である音楽のI先生

②参与観察

20□△年2〜3月にかけて2回、小学校を訪問し、そのうち、3月の特殊学級の「卒業生を送る会」に参加し見学することができ、そのときのC君の様子を観察記録した。観察の方法は、流れを妨害せず、先生や子どもたちから誘われて話しかけられたときのみ応答するという消極的関与の方法をとった。その際、デジタルカメラで補完的に記録した。

③アンケート調査

　C君の母親にアンケート調査を行った。

　質問内容：①現在でも関わりのある保育園時代からの友達の有無、②保育園
　　時代に一緒の保育を過ごした意味、③学校での友達との関わり、④家での
　　過ごし方、⑤現在心配なこと、⑥現在の相談機関など

3）分析方法

　インタビュー調査の逐語記録、参与観察、記録写真（教室の風景、作文）、ア
ンケートなどを総合的に分析資料とする。

4）結果

①C君の担任の先生のインタビュー記録から（Tab. 8.1）

　担任のA先生のインタビューから明らかになったことを箇条書きに記す。

　ア）保育園時代に仲のよかったOY君、KH君、ASさんとは6年生になっ
　　た現在でも交流が続いている。

　イ）この3名が仲立ちになって、朝のプレイタイムや教科交流の時間、林間
　　学校などの学校行事などを中心に通常学級のクラスの仲間に交流関係を広
　　げてくれた。

　ウ）OY君は、林間学校や修学旅行のときに、C君を自分と一緒の班に引き
　　入れ、このことを通じてC君が通常学級で仲間を増やしていく機会をつ
　　かんでいった。修学旅行では○△□旅館に泊まって、10人の子どもたち
　　と楽しく過ごしたことを絵に描き、「○△□あそび会」という題名で作文
　　を書いた。これらの絵と作文から、仲間と一緒の部屋で過ごしたことがC
　　君にとっていかに楽しかったかが推察される。

　エ）通常学級では音楽の授業に参加したが、この音楽のI先生とC君との
　　出会いも学校生活において大きかった。I先生は、C君が鍵盤ハーモニカ
　　ができるとクラスのみんなの前でほめてくれて、C君を個性ある存在と受
　　け止め、C君が通常学級のクラスの仲間に受け入れられるよう率先して雰

Tab. 8.1　担任の A 先生のインタビュー（抜粋）

1）1年生の友達関係は、保育園のときの友達が媒介になって広がっていった。特に、OY君（男児）、AS さん（女児）、KH 君（男児）が関わってくれた。

2）C 君は自閉症だが、人と関わることができる。相手から働きかけられると反応するし、自ら相手に働きかけることもある。

3）通常学級の子どもたちが C 君の面倒をみてくれる

4）2年生から通常学級の子どもたちとの交流教育で音楽の学習があり、音楽専科の先生が、2年から6年まで担当してくれた。

5）C 君は音楽が好きで、授業が楽しみで、喜んで勉強しに行った。鍵盤ハーモニカができる。音楽の先生も C 君を叱らず、C 君を認めてくれる。

6）C 君ができること（鍵盤ハーモニカの演奏）をみんなの前でほめてくれる。

7）通常学級の「音楽」の交流教育は、C 君にとっても通常学級の子どもたちにとってもよかった。それは音楽の先生との出会いが大きい。

8）朝のプレイタイム（自由時間）のときは、校庭で遊ぶ。交流先のクラスの6年○組の子どもたちと遊んでいる。

9）学校の放課後は、児童館に KH 君と一緒に行く。お母さんが働いているので、児童館で過ごして、お母さんが迎えにくるのを待っている。

10）6年生の修学旅行のとき、○△□旅館に泊まって、みんなで過ごしたのがとても楽しかった。絵にしてくれた。絵のタイトルは、「○△□あそび会」

11）6年生の運動会で、徒競走（通常学級の子どもたちと）で1番だった。C 君は「うれしい！　ママ、最高」と叫んだ。

12）C 君はテレビの CM が好きで、よく口ずさんでいるが、それを適切な場面で使うので、驚いて感心してしまう。施設見学に行く途中、たまたま麦畑を通って歩いていたら、「うまいビールは、畑で育つ」とあるビール会社の CM を口ずさんでいた。

13）低学年から4年生まで、ズボンを下ろして、周囲の子どもたちが「きゃっ」と言うのを楽しんでいた時期があった。「C 君のパンツが見えて、恥ずかしいよ」と注意しているうちに、収まった。学校行事のような集団行動でフラフラ歩き、席を離れるなど問題となる行動はなかった。

14）C 君と同じ保育園だった OY 君、KH 君は、C 君と他の子どもとの間に入って関わりを広げてくれた。OY 君は、林間学校や修学旅行のときに、自分の班に C 君を誘って同じ班にしてくれた。これによって C 君は、数名の仲間関係が広がった。

15）OY 君、KH 君、AS さんなど、C 君と関わりのある子どもは、本当に面倒みがよくて、やさしくて思いやりのある子である。

16）Y 特別支援学校と小学校は交流教育の機会があるが、C 君が通常学級の子どもたちと普通に関わっているのを見て、特別支援学校の先生は、「C 君は、保育園のときから健常児たちと一緒に生活して関わってきたから、お互いに自然と振る舞えるんだね」と言っていた。

17）C 君のお母さんは、お母さん同士のつながりをちゃんともっていこうとしているし、KH 君のお母さんとも親しく付き合っている。

18）卒業式のリハーサル時も、特に大きな声を出すなどの問題行動は全くみられず、我慢しながら、同じ席についている。C 君は「中学生になりたいから、頑張ります」と答えている。

囲気づくりをしてくれた。

オ）C君は音楽が大好きで、音楽の授業を楽しみにしていた。I先生はC君を叱らず、C君の音楽好きを伸ばして、C君の音感のよさを認めてくれた。例えば、C君はメロディを一度聞くとそのメロディを鍵盤ハーモニカで弾いてしまうことができるので、「C君、すごーい」と拍手をしてくれた。

カ）運動会の100メートル徒競走（通常学級の児童に混じって）で1番になり、お母さんにその喜びを伝えるC君の躍動した気持ちが伝わってくる。C君にとってお母さんは、とても大切な人であることが理解できる。

キ）4年生まで、ズボンを下ろすなどの問題行動があったが、「パンツみえるから恥ずかしいよ」と担任の先生が注意しているうちにやめるようになった。恥ずかしいという気持ちも出てきた。

ク）C君は自閉症と診断されているが、人との関わりが好きである。指示に従い、注意すればそれを聞いて従ってくれるなど、教師としては対応しやすい子どもである。

ケ）C君のお母さんは、保育所時代からのお母さん同士のつながりがあり、それを大切にしながら生きている。

コ）C君にとっては、保育園時代から健常児たちと関わってきた経験がよかった。これは、C君をみた特別支援学校の先生が、C君が朝のプレイタイムで健常児たちと遊ぶ様子を観察して感想を述べてくれた。

サ）学校全体で集まる場や校内集会、卒業式のリハーサルなど通常学級の児童たちが集団で集まる場では、奇声を出すことやパニックになるなどの問題行動を起こすことはない。むしろ、C君は生徒の集団のなかで一緒に参加していたいという気持ちが強いので、校内集会などの集まりでは、集団を怖がって問題行動を起こすことはなかった。障がいをもっている子ども、特に自閉的な子どもは、集団での同一行動が苦手で奇声をあげる、フラフラ歩くなどの問題行動がみられがちであるが、C君の場合は、むしろクラス集団への帰属意識が強いためか、フラフラ歩くなどの問題行動はみられない。

Tab. 8.2　I先生（音楽の先生）のインタビュー（抜粋）

1）C君に対しては、細かく注意することはしないで、ある程度自由にさせていた。
2）C君は音感がよく、メロディを1回聞くと、そのメロディを鍵盤ハーモニカで弾いてしまう。
3）授業の始まりに、C君は、自分の好きなことを言ってから、席につく。それによって、クラスのみんなを和ませる。クラスの子どもも喜ぶ。
4）ある音楽のメロディをC君が鍵盤ハーモニカでできちゃった。すごい。クラスのみんなからも思わず拍手が生まれた。
5）C君は歌を覚えるのは早い。太鼓も叩く、リズムに合っている。
6）週1回、2時間程度の交流教育では、障害児と健常児の交流はなかなか生まれないが、C君は別だ。クラスに溶け込んでいる。違和感なく、みんなに受け入れられている。音楽の時間は週1回2時間、2週間で4時間。
7）C君は明るく、ひょうきんだ。クラスでも人気者。交流先のF君と仲がよい。
8）C君は、他の子どもの邪魔になるような行動はしない。
9）クラスの子どもに、大きな声で注意すると、C君が「先生怒ったら、だめ」と言う。
10）家で練習していたのか、楽器の演奏はうまかった。楽譜は読めないが、聞いたメロディを鍵盤ハーモニカで弾くことができた。
11）授業の終わりに、私の代わりにC君が「ジャン、ジャン、これで終わり」と合図して終わることにしていた。C君が仕切ることには、クラスのみんなも受け入れている。

注）C君の母親に確認したら、2年から5年までピアノを習っていたということだった。

②音楽のI先生のインタビュー記録から（Tab. 8.2）

ア）C君は音感がよく、鍵盤ハーモニカがうまい。ある音楽のメロディをC君が鍵盤ハーモニカで上手に弾けたので、みんなで感心し拍手した。

イ）C君は授業の始まりに、自分でひょうきんなことを言ってみんなを笑わせ、和ませてくれるクラスの人気者であり、クラスに溶け込んでいる。F君と仲がよい。

ウ）週2時間、2週間で4時間しか音楽の授業はないが、その割には、ずいぶんクラスの仲間と仲がよく雰囲気になじんでいる。

エ）C君は明るく、他の子どもの邪魔になるようなことはしない。

オ）C君を叱ることはなかった。逆に他の子どもを叱っていたら、C君に「先生怒ったら、だめ」と言われた。

カ）授業の始めと終わりは、C君が仕切っていた。それを許す雰囲気がクラ

第 8 章　仲間関係の要因

Tab. 8.3　行動観察記録から

　クラスに入ると「Ｃ君、おめでとう」と黒板に書いてある。
　生徒全員で、「ありがとう、さようなら」の歌を合唱。Ｃ君も大きな声で歌う。歌い終わったあと、「スポンサーの提供は○△○自動車会社でした」と言う。
　その後、親子全員でゲームをする。空き缶をボーリングのピンのように立てて、ボールを投げ、何本倒れるかを競い合うゲームである。観察者（私）も誘われて参加する。校長先生も見学に来て参加する。誰が何本倒したか、Ｃ君が計算する。この間、Ｃ君は実況中継する。「結果を発表します。第３位はＭちゃんです。第２位は△△君、そしていよいよ第１位、優勝は、ジャンジャーン、ジャンジャーン、○○君です。みなさん、拍手」とゲームの進行をＣ君が仕切る。
　次に卒業生にプレゼントと言って、同じクラスの児童からＣ君にプレゼント。プレゼントはＣ君の好きな記念の手作りメダル。すごくうれしそうにしているＣ君。
　ここで卒業生からの挨拶がありますと先生がＣ君に挨拶するように合図する。「卒業してからもこれからも必ず努力します。今までみなさん、ありがとう。感謝しています。これからは、新たな第１歩を歩みます。今日は、ありがとうございました」とＣ君が挨拶。
　保護者会中、Ｃ君は終始ニコニコしている。Ｃ君は楽しそうだ。「学校へ行くのを一度も嫌がったことはなかったです」というお母さんの言葉が、納得できた一日だった。

注）保護者会に見学参加することは、Ｃ君の母親と、担任の先生より承諾を得た。

　スにあり、それによってクラスが和んでいた。６年生の健常児たちからみれば、Ｃ君のように行動したくても恥ずかしいという意識がある。それをＣ君が明るく楽しそうに振る舞ってくれるので、Ｃ君の存在が認められている。

③行動観察記録から（Tab. 8.3）

　ア）観察した当日は「卒業生を送る会」で、コスモス学級の保護者も集まって６年のＣ君を送る会の日であった。その日のＣ君は終始ご機嫌で、会のスタートでは、「ありがとう、さようなら」の歌を大きな声で歌い、歌い終わったあとは「スポンサーの提供は○△○自動社会社でした」と絶好調な滑り出し。

　そのあと、空き缶をピンにして、ゲートボールのスティックでボールを打ってピンを倒すボーリングのようなゲームを参加者全員で楽しむ。倒したピンの数を黒板に計算して書いていく。Ｃ君は、「○さんは、４本倒し

135

ました。今のところ、○さんのお母さんが8本でトップ、次が△△君で7本です」と実況中継しながらゲームを進行している。そしてゲームが終了し、C君は1人2回プレーしたスコアを計算して、「第2位は、△△君、優勝は、ジャンジャーン、ジャンジャーン、○○君です。みなさん、拍手」と言ってゲームの進行を仕切った。C君が場を仕切ることで自分が中心になれるという思いが伝わり、C君の抑揚のある独特の声が、参加する者の笑いを誘い、明るい雰囲気をつくっていると感じさせる。

続いてC君はクラスの仲間より記念の手製のメダルをプレゼントしてもらう。そしてC君から「みなさん、ありがとう、これからは新たな第1歩を歩みます」と流暢に挨拶をしたので、練習をしていたのかなと思うほどである。C君は、自分がクラスの仲間に受け入れられているという安心感からか、のびのびと行動しているように感じられる。担任のA先生も受容的な雰囲気でクラスを運営している。

④**母親のアンケートから**（Tab. 8.4）

ア）保育園から現在でも関わりのある友人は、OY君とKH君である。特にOY君は、音楽の時間、朝のプレイタイム、林間学校などの学校行事ではC君を同じ班に誘ってくれるのである。OY君は保育所のときから、C君を弟のようにかわいがってくれる、やさしい男の子である。KH君は、放課後に児童館の学童保育に行くときに連れて行ってくれるし、母親同士の仲がよいため、子ども同士も一緒に過ごすことが多い。この2人は、C君にとって、小学校の通常学級に溶け込むときの人間関係づくりに重要な働きをしてくれたのだと思われる。

イ）保育所時代にC君と関わってくれた子や顔見知りの子は一緒に同じ学校に進んだので、C君に声をかけて挨拶してくれたり、C君に合わせた対応をしてくれる。C君にとっては、彼らと保育所時代を一緒に過ごしたことが、人間関係の基礎を形成することになったのではないか。母親の回答からは、障がいのある幼児とない幼児の一緒の保育のよさや効果が示されていると思われる。

第 8 章　仲間関係の要因

Tab. 8.4　C 君の母親のアンケート

1) 保育所時代からの友達で、現在でも関わりのあるお子さんはいますか。
→　OY 君、KH 君
2) どういう場面で関わりがありますか。
→　OY 君は音楽の時間、朝のプレイタイム、林間学校のときの同じ班。KH 君は児童館が一緒で C を連れて行ってくれる。
3) 保育所時代に一緒に過ごしたことは、C 君にとってどのような意味がありましたか。
→　保育所時代に C を理解してくれた子や、顔見知りの子が同じ小学校に進んでいるので、C に挨拶してくれたり、声をかけてくれたり、C に合わせた接し方をしてくれるので、C にとっては大変意味があったと思う。
4) 現在、一緒に遊ぶことはありますか。
→　KH 君とは、親同士の仲が良いし近所なので、一緒に過ごすことはあります。
5) 家ではどんなことをして過ごしていますか。
→　パソコンが好きで、ホームページをみていたり、プレイステーションでゲームをしています。テレビが好きでよくみています。
6) 現在心配なことはありますか。
→　性に関することで、朝や気になるときなどにさわっています。どう対処したらいいのか。
7) 現在、相談している相談機関や病院はありますか。診断はどのようにされていますか。
→　S 医大に月 2 回。診断は自閉症で中度。
8) 将来のことで心配なことはありますか。
→　大人になってからどう過ごしているのか、日々の接し方など。
9) 現在、こういうサポートがあればいいなと思うことはありますか。
→　母親と C の 2 人きりの母子家庭で、昼間に常勤で仕事をしているので、C が放課後を過ごすところや、C が学校卒業後に活動できる場所がほしい。

ウ）心配していることは性に関することで、朝や気になるときに、性器にさわってしまう。C 君も思春期に入り始め、性に対する関心が出始めるころである。

エ）母親は C 君と二人暮らしのため、母親が常勤で仕事をしている間、放課後に C 君を一人にしておくのが心配である。児童館の学童保育は 3 年生までだが、母親が市役所の福祉課に働きかけて、6 年生まで学童保育クラブに預かってもらうことにしたのである。また学校卒業後の C 君の活動場所も心配なことである。C 君が小学校に進学したときに、母親がこう嘆いていたのを思い出した。「先生、保育所はいいですよ、働いている間

137

預かってくれるから。学校に入ったら、C を預かってくれるところはない
んですよ」。児童館の学童クラブは、障がいがあることを理由に C 君を預
からないと拒否していたのである。それを何度も市の福祉課に交渉して、
認めてもらってきた経緯があった。なぜ、障がいがあることを理由に、学
童保育を拒否するのであろうか。まさにそうした状況にある母と子にこ
そ、市の福祉は手を差し伸べるべきではなかろうか。母と子だけの家庭に
あって、母親は働きながら、子どもを育てることを余儀なくされている。
障がいがあろうがなかろうが、母親が働かなければ生活はできない。障が
いがある学童の保育は受け入れられないとした KW 市の福祉課や児童館
の対応は社会的弱者の切り捨てにつながるものであった。C 君の母親の忍
耐強い交渉によって、ついに市の福祉課も動いたのである。

5）考察

考察にあたり、次の 3 点について考えてみたい。
・一緒の保育の効果
・C 君を取り巻く人間関係
・C 君の今後

①一緒の保育の効果

C 君の担任、音楽の先生及び C 君の母親のインタビュー記録、C 君の学校
での行動観察などから明らかになったことは、C 君と保育所で一緒の保育を受
けた健常児たちとは、小学校入学後も関わりが続いていること、また C 君が
通常学級で仲間集団に入れるように、上手にサポートして、仲立ちをしていた
ことである。担任の先生から名前があがった 2 名の男子の OY 君と KH 君と、
女子の AS さんである。これは、一緒の保育の効果であると指摘できる。

保育所で C 君といつも関わって遊んで、一緒に生活をしていた彼らは、小
学校入学後も同じように C 君と接していたのである。C 君からみれば、OY 君
や KH 君は、どんなに心強く頼りになる存在であったかと思われる。また AS
さんも C 君にやさしく接してくれた。C 君は彼らにとっては、面白くてかわ

いい子どもと理解され、保育所でも人気者であった。このような子どもたち同士の交流は、通常学級の仲間集団においてC君と関わる仲間のモデルになり、他の健常児もC君への接し方を学んでいったと思われる。特に6年生の修学旅行では、他の子どもたちとも仲よくなり、「〇△□あそび会」という思い出もつくれるほどに広がっていたのである。統合保育が盛んに行われるようになった今日、幼児期を共に過ごした子どもたちがそのまま地域の小学校に進んで、そこで仲間関係の橋渡しや仲立ちになっていくことは、地域でのノーマライゼーション社会の実現にとっても大きな意味をもつものと考えられる。神野(1992)が、統合保育は障がい児にとって意義があるだけでなく、健常児にとっても思いやりや共感性が育つ意味で意義があると述べているように、C君と幼児期を一緒に過ごした健常児のOY君、KH君、ASさんが学校入学後もC君に思いやりを示した行動をしていることからも、共に育つことの大切さが示唆される。

② C君を取り巻く人間関係

今回、C君の担任の先生及び音楽の先生にインタビューを行ったが、2人ともC君に対する見方が大変受容的で、彼のよいところを把握して接していたと思われる。例えば、C君はクラスで場を仕切るのが好きである。場を仕切っていく場面が観察されている。それは、卒業生を送る会やゲームのときにみられた。しかし、先生はそれを良しとしてあえて注意せず、止めずにC君に進行を任せていた。もちろん要所要所は介入していたが、始めと終わりはC君が進行をするのを許していた。彼は、自分が思うように進行をしている状態でその場を楽しんでいたと思われる。彼の持ち前の明るさは、その場を楽しくさせる力をもっている。6年生の健常児の発達心理から考えると、もう人前で何かを表現するのはとても恥ずかしくてできないし、周囲の目をとても意識する思春期特有の心理状態にある。しかしC君は恥ずかしがらずにやるのでとても面白い存在であり、ある意味で羨ましい存在でもあったのでないか。C君に対して特別支援学級の子どもという認識がありながら、その行動を排除しないで受け入れたのは、自分たちもC君のように振る舞いたい、または、自分で

はしないけれど、C君がすることは許せるということの表れではなかろうか。そしてそこには、先生のC君に対する許容的雰囲気も影響していると思われる。特に音楽のI先生は、C君は音楽が好きで、鍵盤ハーモニカを上手に弾いたときには、みんなと一緒に拍手して「C君すごい」とほめていた。先生のC君に対する態度もクラスの子どもにプラスの影響をもたらしたと考える。C君を取り巻く健常児たちは、I先生の許容的雰囲気を背景にC君を自然に受け入れる状態になっていったと考えられる。毎朝のプレイタイムでも、C君は6年○組の子どもたちと遊んでいたことから、交流学級の子どもたちと関わりがもてるようになっていたのである（担任の話）。保育所のときからの友達のOY君は、5年のときの林間学校でC君が同じ班になるように働きかけてくれた。OY君はクラスでも世話好きでリーダー的な存在なので、他の児童もOY君をみて、自然とC君を受け入れて関わりをもってくれるようになったと思われる。小学校入学以来、OY君がなにかとC君をフォローしてくれていたと、担任の先生が話してくれた。KH君、ASさんも同様にずっと入学以来関わってくれていたのである。交流学級の6年○組にはASさんがいて、C君の面倒をかなりみてくれたと担任の先生が報告している。こうしたことを考えると、幼児期に障がいのある幼児とない幼児が一緒の保育で共に生活をすることで、健常児には障がいのある幼児に対する思いやりが育ち、また関わり方も学んでいることが示されている。小学校入学後も障がいのあるC君と関わりをもち、その関わり方を他の健常児も学んでいくことで、C君を取り巻く人間関係の広がりが表れている。特に修学旅行では、今まであまり付き合いのないTI君と友達になれたことがうれしかったようである。こうしてC君は理解ある教師や面倒をよくみてくれる友人に恵まれながら、学校生活を楽しく送ることができたのではなかろうか。

　筆者がC君を「卒業生を送る会」でみたときは、実に生き生きと、「○○自動車会社は、トラックを作り続けます」とゲームの進行の合間にCMを言いながらも、「△△君、7本倒しました。現在のところ○さんのお母さんが8本でトップです」と流れや場に即した進行もこなしていた。今回の報告では、C

君の交流学級の友達との様子について、朝のプレイタイムや授業のなかでの行動を観察することがなかった点が課題として残っている。今後はC君と健常児の関わる様子を行動観察していくことが課題であり、中学生のC君の人間関係に関する研究では必ずその点を考慮したい。

③C君の今後

C君はKW市立のS中学校の知的障がいの特別支援学級に進学したが、そこには小学校の仲間はいなかった。C君の地域のJ中学校には特別支援学級がなかったので、離れたS中学校に進学したためである。インクルージョン教育の立場から考えると、C君は今まで過ごした小学校の仲間がいるJ中学校の通常学級に進学すれば仲間との触れ合いもできたが、KW市の教育委員会の指導のもとにC君の母親が悩みに悩んで決めたと聞いている。

まだまだ日本でのインクルージョン教育への道は遠い。C君は、自閉症と診断されてはいるが、人と関わるのは苦手ではなく、好意を抱いた人とは積極的に関わっていく力をもっている。テレビCMが好きで、それを何度も繰り返すが、場面に沿った適切な使い方もする。例えば、ゲーム優勝者には、「番組のスポンサーから、優勝賞金と○△○自動車会社のキーが送られます。おめでとう！」という具合である。

C君と母親の間には、深い親子関係の絆も感じられる。運動会の徒競走で1等をとったときには「うれしい！　ママ、最高」と発言したのである。C君は喜びをいの一番に伝えたい人がいるのである。障がいをもつ児童の肯定感の育成は大切であると思われる。「今のところ、Cは学校に行きたくないとは言ってないが、中学に入学して2か月間は、緊張した毎日でした。家でも落ちつかなかったです。中学は小学校とはまるで違いますね。クラブはパソコン部に入って、楽しくやっているようです」とC君の母親は話す。C君の周囲には、かつての保育所や小学校の友達はほとんどいない。

これからは、C君が今まで培ってきたさまざまな人間関係の経験と幅を生かし、また新しい人間関係が築かれることを祈りたい。そして中学校でのC君の様子を観察調査し、今後もC君の人間関係に注目しながら見守っていきた

いと考えている。

6）おわりに

最後に、本報告を書くにあたり、C君のことを研究資料として公開することへの承諾をくださったC君のお母さんに対して感謝申し上げます。また、C君の担任のA先生、音楽のI先生には、研究にご協力いただき感謝申し上げます。

8・3　インクルーシブ保育の事例（第6章の事例から）

第6章で取り上げたE児の14回の観察内容を分析しながら仲間関係について考察する（Tab. 8.5）。

1）保育者（クラス担任など）との関係及び居場所をつくる時期

観察の1～4回目のE児は、A保育者、B保育者、C保育者、D保育者など保育者たちとの関わりがほとんどで、他の子どもとの関わりがみられない。

E児はA保育者やD保育者に甘えに行ったり、話しかけたりしている。保育者たち（A保育者、B保育者、C保育者）は、今年度、E児のクラスの担当者になったこともあり、E児と信頼関係を築こうとしている様子がうかがえる。D保育者は昨年のクラス担任で、E児とは信頼関係ができている。

E児は同じクラスのNやMに話しかけて関わりをもとうとするが、Mは反応せず、関心を示さない。この時期のE児の関心は保育者との関係であり、その信頼関係を深めている時期と思われる。5回目は林間保育の2日目であったが、E児のそばには必ずOがいた。OはE児が山登りの途中で列から外れそうになると、手を取って列に連れ戻す。ごはんのときにも隣に座り、E児の世話をしている。またE児は好意をもっているMに牧場で話しかけて手を握ろうとするが、Mには拒否されてしまう。

第8章　仲間関係の要因

Tab. 8.5　E君と健常児の仲間関係の状況

	E君の観察内容
1回目 4月17日	B保育者、A保育者、D保育者、C保育者の各保育者は積極的にE君に話しかけるが、ほとんど拒否するか無視する。E君の興味はもっぱら独楽遊びなど一人遊びである。しかし、ただ声をかけるだけではなく、手を引いたり手を取ったりなどして話しかけるとE君は肯定的な反応を見せている。仲間との接触は全くない。
2回目 4月24日	E君は、B保育者から指示されたことや、話しかけられたことについて、友好的に応えている。A保育者はE君の手を取りながら仲間たちの遊びに引き入れようとし、E君も嫌がらずに応じている。自由遊びの時間では、水を運んだり、歌いながら踊ったりして一人で楽しんでいる。
3回目 5月22日	E君はB保育者に言われてお弁当を準備するが、食事中は誰とも口をきかず一人でご飯を食べる。自由遊びの時間には木登りをするが、同じ木登りをするQとけんかする。絵を描くクラス活動では、自分から絵の具の場所をA保育者に尋ねるなど積極的である。
4回目 7月3日	林間保育に向けての年長児だけの集まりだが、保育者の言葉による林間保育の説明だけではE君はイメージが湧かず、フラフラしている。E君は、林間保育のことが理解できずに、何をしたらいいかわからないようだ。E君にはもっと視覚的な情報がないと説明は理解しにくい場面である。E君はA保育者にしきりに話しかけた。E君が甘えてA保育者に抱かれる場面もある。E君とA保育者の信頼関係には深まりがみられる。E君は自らNやMなどの仲間に話しかけ、仲間との関わりをもとうとする。
5回目 7月22日	朝の集会の後、E君は母と離れて不安になり、D保育者とA保育者が慰めても嫌がって逃げる。そのうちE君からA保育者に近づくと、A保育者はE君に話しかけ、抱いたり膝に乗せたりしてE君を落ち着かせる。登山のバスが現地に到着すると、E君はホームシックにかかり、家に帰りたいと言って泣きじゃくる。そんなE君にB保育者は手を取って話しかけ、E君は泣きながらバスから降りてくる。山登りでは、列から外れそうになるE君を、OがE君の手を取って列に戻し、手を引いて山登りをするなど、E君の面倒をよくみている。広場では、E君はD保育者と追いかけっこして、Nと2人で遊んだ。また、C保育者が仲間との仲介役をして、R、O、Nとカエルをさわったり、手をつないだりして遊んだ。B保育者は、虫を捕まえて喜んでいるE君の反応を見逃さず、E君をほめて手をつなぐ。E君はB保育者に虫を入れる袋を要求し、この虫を父親に見せるとうれしそうに話す。牧場の散策では、Mと手をつなごうとするが拒否されてしまう。また、E君からA保育者に話しかけている。E君のさまざまな場面において複数の保育者がその役割を分担し、E君と関わっている。

143

Tab. 8.5 つづき

	E 君の観察内容
6回目 9月4日	スプレーで絵を描き、園庭で砂遊びをし、プランターに木を植え替え、のこぎりで木の枝を切るなどさまざまな活動に積極的に参加する姿がうかがえる。E君がスプレーで絵を描くときにB保育者はRを誘って一緒にスプレーで絵を描くように援助する。B保育者の援助を受けながらプランターに土を入れる。ノコギリで木の枝を切るC保育者には自分もやりたいと主張し、砂遊びをしている仲間のところにも、自分から仲間に入ろうとしたり、貝殻で遊ぶMに近づいたりとE君は自分から仲間に積極的に関わろうと能動的な行動がみられる。E君は台車を使って土を運ぶ作業に没頭し、それを妨害されると仲間に徹底的に反発している。E君は自分の手が汚れたことに嫌悪感を示し、手が汚いと言ってB保育者に泣きつく。B保育者は汚れた手を洗うように促すとともに手洗いを手伝う。
7回目 9月11日	Oは、E君に綱引きで持つ綱の位置を教えたり、声をかけて一緒に綱を引いたり、また、手をつないで一緒に踊るなどとてもよくE君の面倒をみる。A保育者はE君の甘える対象になっていて、A保育者は快く受け入れている。一方では、仲間たちとの輪に入りやすいように援助したり、綱の持ち方を教えたり、みんなと一緒に踊るよう注意を与えたりしている。B保育者は、E君が大好きなお絵かきを促すなど、興味深いものに目を向けさせている。しかし、泣いた自分の顔を描くように言われるとうまく描けない。泣いた自分の顔を想像して描くのは難しいのかもしれない。
8回目 10月2日	E君は、稲刈りはあまり好きではないようだ。A保育者が稲刈りの活動を説明すると、一応E君は耳を傾けているようだが、出かける準備は遅々として進まず、再三準備を促すことで、E君は水筒とカバンを持ってくる。C保育者がE君に鎌を渡し、田んぼに入るよう勧めるが、初めは拒否している。何度か誘うとE君は1歩だけ入って稲を刈る。本当は入りたくない田んぼに入って、やっと稲を刈ることができたE君に対し、「頑張ったね」とほめるとE君はうれしくて得意そうに笑う。一方F保育者も、自分が稲を刈っている姿をE君にみせるが、E君は反応しない。今度は刈った稲穂をE君に手渡し、これを刈るようにとE君に指示すると、E君は田んぼに入り自分で稲を刈ってみせる。その稲をうれしそうに振り回すE君に対し、「できたね」とほめて刈った稲を受け取るとE君も得意げになる。田んぼに入って汚れることを嫌がり、稲刈りの作業自体には何ら興味を示さないが、自分で刈った稲が手に入ること、成果物があることがうれしいようである。また、その成果物を一緒に喜ぶ、またはほめてくれる保育者の対応が彼にとってはうれしい。E君は、Oに誘われ、金魚の水槽を見学する。2人は手をつなぎ、うれしそうに別の水槽もみてまわる。E君は金魚が「でっかい！」と叫ぶとOも大きく頷き、2人とも楽しそうである。

第 8 章　仲間関係の要因

Tab. 8.5　つづき

	E 君の観察内容
9 回目 10 月 10 日	運動会では、綱引き、クラス対抗リレー、ダンスなどさまざまな種目に参加し、3 回に及ぶ綱引きでは、各回とも一生懸命に参加している。最初は J 保育者に綱引きの場所まで誘導されたが、次の回では、J 保育者が E 君にそうしたように、V の手を取り綱引きの場所に移動する。そして競技前には V の手を取り揺らして遊んでみる。競技後には再び手を取り退場する。年下の V に対し、面倒をみる気持ちが芽生えているようだ。リレーでは、R から受け取ったバトンを持って一生懸命走り、スムーズに O に渡す。クラス対応リレーでは見事優勝し、大喜びし、その歓喜を伝えようと母親のところへ走っていく。ダンスでは、保育者の手を借りず、約 5 分間にわたり仲間と一緒に楽しんだ。ダンスの入場前には、B 保育者が E 君にやさしく話しかけ、B 保育者の援助により、E 君はスムーズにいつものようにダンスをすることができたのではないか。クラスの仲間と運動会の参加を楽しんでいるように思われた。
10 回目 12 月 11 日	E 君は、B 保育者が劇遊びの流れを説明しているときには、初めのうちは席を離れず聞くことができるが、やはり飽きてしまい勝手に無駄話をして再三 D 保育者に注意される。注意されても話題を変えたり無視したりする。E 君は積木遊びをした後、積木を片付けている H 保育者に倣って、自ら片付け始める。他の園児 G と一緒に協力して片付ける。また、G 保育者の援助のもと 3 人の園児と一緒にすごろくをして楽しむ。仲間と一緒にかごめかごめをして楽しそうに遊ぶ。しかし、歌の練習には興味を示さず、一人で遊んでいる。
11 回目 12 月 16 日	H 保育者は E 君の劇遊びの練習に着る衣装を整える。劇遊び中は静かに椅子に座っていた。R と O が E 君に話しかけ、E 君は笑って答えている。幼稚園で飼っていたウサギが死んで、B 保育者がクラスの仲間に話しているが、E 君は悲しむ様子もなく、教室から園庭に出る。
12 回目 1 月 29 日	E 君は独楽のことで Z とけんかし、叩いて逃げる。Z も怒って E 君を追いかける。C 保育者が 2 人の仲裁に入る。E 君と O は、寝転んでからだをつかみ合う。O が E 君の胸を手で押すと E 君が大声を出すなど悪ふざけを繰り返している。E 君と R は 2 人でふざけ合っている。スケートの前に、C 保育者は E 君が手袋をはめるのを手伝う。スケート場では E 君と O は楽しそうに会話している。E 君が C 保育者に甘えると C 保育者は彼を抱き上げる。

Tab. 8.5　つづき

	E君の観察内容
13回目 3月4日	卒園式の練習に先立ちホームルームで、B保育者はE君に練習のことを説明しE君もそれを受け入れる。遊戯の練習ではA保育者が練習への参加を呼びかけることでE君は従う。全体の流れを一度に理解することは難しいが、一つひとつの動きについて指示するとE君は反抗することなく言う通りに従う。また、仲間たちが遊戯をする様子をみて真似て踊ることができる。卒園証書授与の練習では、名前を呼ばれたら返事をする、席を立って卒園証書を受け取るなど、セレモニーの動きも一つひとつ誰かが合図することによって行動することができる。常に保育者の援助ばかりではなく、卒園証書を受け取りに行くタイミングは、XがE君の肩をポンと叩いて合図を送っている。ランチでは、一人黙々と食べることなく、隣の席のA保育者に数回話しかけて会話をしている。自由遊びでは、Yと手を取り合って楽しく何度も縄跳びをしたり、Oと園庭を駆けたりする。また、これまで何度もE君を拒否していたMが、E君と一緒に園庭を駆けっこしたり、一緒に縄跳びに参加したりする。
14回目 3月10日	練習の前に、一人で遊んでいるE君をOが呼びにくるが、E君は拒否する。大人しく着席していることはE君にとって苦痛でもあり、D保育者やK保育者と何度も何度もじゃんけんをする。また、隣の席のQに話しかけたり、にらめっこをしたり、頭をなでたりして気を紛らわしている。しかし、卒園証書授与の練習ではD保育者の援助に従い一連の動きができる。Mは以前とは違い、E君のことを受け入れるようになっている。練習のときも、E君が名前を呼ばれて立つ場面では、E君が起立するよう援助している。E君への援助は保育者のみならず、園児たちも積極的に手を差し伸べている。E君を嫌っていたMもE君のことを受け入れたのか、E君を避けることなく援助している。E君はクラスの仲間に受け入れられたと感じるシーンであった。

2)　クラスの仲間と関係をつくる時期

　6回目の観察では、B保育者が設定したコーナー遊びはE児の好きなスプレーを使って絵を描くことであった。絵の具を溶かした色水が入ったスプレーを用意したB保育者は、E児がスプレーに関心をもっていることを知っていてその遊びを準備していた。早速E児がスプレーを持って絵を描き始め、そこに同じクラスのRが来る。B保育者はRを誘って、E児と一緒にスプレーで絵を描くように援助する。E児とRは一緒に絵を描き始める。これをきっかけにRとプランターに土を入れて関わろうとする。またMに近づくがM

は反応しない。

7回目は運動会の練習で、綱引きの練習であったが、OはE児に綱引きの綱を持つ手の位置を教えたり、一緒に踊ったりするなどE児の面倒をみている。A保育者はクラスの仲間のなかに入れるようE児を誘ったりしている。

8回目は稲刈りの活動である。幼稚園から園バスに乗り、借りている田んぼまで仲間と行く。稲刈りで田んぼに入るのを嫌がっているE児だが、F保育者に勧められて稲刈りをしてほめられるとうれしそうに刈り取った稲を得意げにみせる。田んぼからの帰りに、金魚の水槽をOと一緒に楽しそうにみてまわり、E児とOの関係は深まっているように思われる。

9回目は運動会の日で、E児は、綱引き、クラス対抗リレー、ダンスなどすべてに参加し、クラスの勝利に貢献した。リレーでは抜かれず、Rから受け取ったバトンをOに渡して見事優勝。大喜びしたE児はお母さんに報告に行く。綱引きの場面では、E児は年少のVの手を取り綱引きの場所に誘導するなど、他児を援助する行動がみられた。またダンスを楽しんでやる様子がみられ、クラスの仲間と一緒に行動していることを楽しんでいるように思われた。

これらの場面を見る限り、「状況に埋め込まれた学習」がE児に成立していたと思われる。この集団にいたい、この集団で一緒に行動をしたいというE児の思いから、自閉症の幼児なら苦手とする集団活動に積極的に参加しているのではなかろうか。また、E児にクラス集団活動に参加したいという気持ちが起こるように、A保育者やB保育者がE児とクラスの仲間との仲介役をしながら、クラスの仲間に受け入れてもらうように働きかけてきたからこそでもあると思われる。クラスの仲間として、OやRはE児との関係を深めている。

3）クラスの仲間との交流が広がる時期

10回目は、クリスマスの行事を控えての劇遊びの活動で、なんとか席を離れず座っていたが、途中で飽きて声を出してしまう。その後、積み木でWと遊んだり、クラスの仲間と「かごめかごめ」をして遊んだりしている。

12回目は、他のクラスのZと独楽遊びでけんかになる。またOとふざけた

り、Ｒとふざけたりして楽しんでいる。スケート教室では、Ｅ児はＯと楽しそうに話したりしている。

　13回目と14回目はＥ児が最も苦手な卒園式の練習場面で、卒園証書授与の練習では、自分の名前が呼ばれるまでは黙ってずっと座って待っていなければならない。練習場面ではＢ保育者及びＤ保育者の指示に従い、騒がずに座っていることができた。また、Ｅ児の名前が呼ばれたときに、ずっとＥ児を避けてきたＭがＥ児に起立するように援助していた。園庭では、年少のＹやＭと縄跳びをしたり、追いかけっこをしたりとＯやＲ以外のクラスの仲間との交流もみられた。卒園式の練習などの場面では、今までのＥ児にとっては、苦痛で我慢を強いられる場面であるが、クラスの仲間と一緒にいたい、行動したいという思いからか、卒園式に参加するんだという気持ちからか、練習に参加して待っていられるようになったことは、４月当初のＥ児の様子からは想像できないことであった。

　自閉症のＥ児が苦手な集団活動に参加できるようになったのは、クラスの仲間のＯやＲとの仲間関係の成立があったからだと考えられる。クラスのなかに居場所をつくってくれたのは保育者であるが、その保育者を通じてクラスのＯやＲと友達になり、友達がいることで、Ｅ児がクラスでの集団活動に参加しやすくなっている。そして運動会のクラス対抗リレーでは、Ｅ児の活躍により優勝したこともＥ児のクラスへの帰属意識を高めたのだと考えられる。

8・4　まとめ

　Ｅ児の集団参加の状態をみていると、従来からいわれている、自閉症のように人間関係が苦手で社会性が乏しい幼児はクラスでの仲間意識が育たず集団行動が苦手、という見解とは異なった結果になっている。自閉症のように対人関係スキルが乏しい幼児にはソーシャルスキルのトレーニングという支援が必要という考えが、応用行動分析のアプローチでは当然であった。しかし、保育者が、そうした専門的な個別支援を障がい児にしなくても、インクルーシブ保育

においては、保育者がその得意分野でもある保育の専門性を生かした保育方法で、障がいのある子どもと健常な子どもとの相互作用をつくり、仲間関係を育てることが可能であると思われる。

第9章
全体考察及び結論

9・1　はじめに

　本章では第4章の統合保育の研究事例、第5章のインクルーシブ保育の研究事例及び第6章のインクルーシブ保育の研究事例をもとに考察を加える。さらに第7章の保育者の役割についても考察を加え、これらをもとに本研究の総合考察を行うこととする。

9・2　統合保育の実践研究──事例1

　本実践事例は、埼玉県S保育園の知的障がいのA児及び自閉的障がいのB児と健常児との相互作用を行動観察した事例である。

　障がい児と健常児の相互作用は設定場面ではみられたが、自由遊び場面ではみられなかった。設定場面では保育者が障がい児との関わりをもったが、自由遊び場面では保育者は障がい児とは関わりをもたなかったため、2名の障がい児は何をしたらよいのかわからず、フラフラしているだけであった。障がい児は自ら健常児に働きかけることはないため、保育者が障がい児と健常児との相互作用を意図して仲介役にならない限り、相互作用は生まれないということが明らかになった事例である。

9・3　統合保育の実践研究——事例 2

　本実践事例は、埼玉県 K 保育園の自閉症の C 児と健常児との相互作用を行動観察した事例である。

　保育者が意図的に C 児と健常児たちとの社会的相互作用を形成するための介入プログラム（音楽や保育者の声かけに合わせて身体表現する遊び）を実施した結果、健常児から C 児への働きかけが生じ、徐々に相互作用も増えていった。健常児のなかでも特に 3 歳児たちは C 児に興味を示し、相互作用が多くみられた。保育者が C 児と健常児との相互作用を持続させようと介入していたので、相互作用は増加していったと思われる。C 児と健常児たちとの相互作用の形成には保育者の役割が重要であることが示された。しかし一方で、自由遊び場面では、健常児からの働きかけがあっても、C 児からの反応がないときには相互作用は続かずに終了してしまうという問題もみられた。C 児は相手の働きかけに的確に反応することが苦手なために、健常児との相互作用が続かないという問題が残った。この点に関して考えると、C 児の好きな遊びや関心のある遊びをクラス活動に取り入れて、健常児も一緒に行うという日常の保育プログラム全体を見直すという視点が欠けていたのである。統合保育では健常児の活動がクラス活動の中心に位置づけられているため、障がい児と健常児との相互作用を形成するという保育者の役割は意識されていたが、障がい児も参加できるクラス活動にするという保育プログラム自体の見直しまでは考えられていなかった。翻ってインクルーシブ保育においては、クラス活動も保育プログラムも柔軟であり、障がい児が参加しやすい興味のある活動をクラス活動に取り入れることが前提である。これはよき集団づくりのうえからも望ましいことであり、保育者にとっても意図しやすいという利点がある。

第9章　全体考察及び結論

9・4　インクルーシブ保育の実践研究——事例3

　本実践事例は、東京都内の私立K幼稚園のインクルーシブ保育における運動障がい児と健常児との相互作用を行動観察した事例である。

　運動障がい児のD君と関わりがみられたのは年少児たちであった。D君から健常児への関わりが増加し、健常児からD君への関わりも増加した。9月の運動会のクラス対抗リレーの練習では車いすのD君をめぐってクラスの子どもたちに話し合いが起こった。運動会の練習場面では車いすのD君がいるためにクラス対抗リレーがビリになってしまうので、どうやったら他のクラスに勝てるかD君を含めクラスの年長児たちで話し合いが行われたのである。D君を含め活発な相互作用が生まれた。健常児たちのリレーで勝ちたいという気持ちと歩けないがリレーに参加したい障がい児の気持ちがぶつかり合うなかで、互いの気持ちを理解し、クラス対抗リレーのルールを変えた。D君はリレーの距離の半分をハイハイで走ることになった。ところで、D君とクラスの男の子5人でハイハイ競争をしたところ、なんとD君が一番速かった。D君はハイハイ競争ではチャンピオンで、クラスの仲間に認められたのである。インクルーシブ保育では、保育プログラムやルールが先にあるのではなく、子どもたちが主体的に考え、子どもたちの手によってクラス活動も柔軟に変更できるよさがあることが示された。

9・5　インクルーシブ保育の実践研究——事例4

　本実践事例は、東京都内の私立K幼稚園でのインクルーシブ保育における自閉的な幼児と健常児との相互作用を行動観察した事例である。

　障がい児のE児とクラスの担任の保育者との信頼関係が形成されて、E児が安心して保育者に甘えるような場面がみられ、情緒が安定してくるにしたがって、クラスの健常児とも相互作用がみられるようになった。保育者がE

153

児と健常児との相互作用を形成するためにE児が好きなことを取り入れた遊び（色水スプレー遊び、独楽遊び、わらべ歌）をコーナー遊びやクラス活動などで積極的に行ったところ、E児と健常児の相互作用が増大していった。保育者のE児に対する見方が、困った子どもから面白い子どもへと変化したことでE児の気持ちや行動を理解できるようになり、E児と保育者の関係が変わってきたと保育者はインタビューで答えている（Tab. 6.3）。運動会に向けた練習では、クラスの仲間と共に綱引きやリレーなどの勝敗にこだわり、負けると悔しがる姿もみられ、仲間意識が出てきた。クラス対抗リレーでは、自分も走ってバトンをしっかり次の仲間に渡すなどスムーズな行動ができ、結果は1位でクラスの仲間と一緒になって喜んだ。身体が水に濡れることを極端に嫌がるE児だが、クラスの仲間が田んぼでの稲刈りに行くなら自分も一緒に行くと言って仲間と共に稲刈りをしたことはE児とクラスの仲間関係ができている表れである。

　運動会のダンスやリレーの練習などにE児は積極的に参加しているが、保育者がE児に個別に指導したわけではない。保育者がよき集団づくりをすれば、障がい児は仲間からの学びによってクラス活動に参加することが可能になるのである。これは渡部（2001）の指摘する「状況に埋め込まれた学習」である。観察当初のE児は、自由遊びでは一人で遊んでいる状態が目立ち、クラス活動などの設定保育でも保育者の誘いに応じるときもあるが、一人遊びを続けていて、園庭でフラフラしている様子もみうけられたので、これは大きな変化である。E児の得意な遊び（独楽回し）を認めることで彼の自己肯定感を育み、その遊びをクラスの仲間に伝えることでE児の存在が認められたのである。このことは、彼がクラス活動に参加するようになった大きな要因である。障がい児と健常児との相互作用を活発にするには保育者の果たす役割が重要であると示された事例である。

　第8章のE児と仲間関係の資料（Tab. 8.5）のなかで「E君とO君は、寝転がってからだをつかみ合う。O君がE君の胸を手で押すとE君が大声を出すなど悪ふざけを繰り返している」などの様子からも、E児とO君は2人でふ

ざけ合いができるような対等な人間関係になっている。これはE児にとって
も、O君にとっても大きな成長である。7月当初はO君が一方的にE児の世
話をする関係であったが、翌年の1月には仲間関係が対等な関係に変化してい
るとことが示されている。

　これまで自閉的な幼児は一般的に健常児との相互作用が低率であり、高め
るのは困難であると指摘されてきたが、E児の場合はクラスの仲間との相互作
用が高まりいろいろな仲間との相互作用もみられるようになった。これにはE
児のような自閉症児の存在を認めて彼の好きな遊びをクラス活動に取り入れ、
E児の居場所をクラスのなかにつくるなどのインクルーシブ保育の理念をもっ
た保育者の存在が大きく影響していると考えられる。本研究の結果から、イン
クルーシブ保育は、障がい児と健常児との相互作用の形成やクラスの仲間との
関係の構築に有効な方法であると考えられる。またK幼稚園ではコーナー活
動を取り入れており、動物飼育コーナー（あひる、チャボ、ウサギ、カメ）で池
の掃除をしたり、紙製作や粘土製作をしたり、砂場で遊んだりと自分で好きな
遊びを選択することができるのが特徴である。E児はコーナー活動で健常児と
自然に関わることが多かった。コーナー活動は子ども同士の相互作用を高める
ものとして有効である。

9・6　保育者の役割

　統合保育を行っているS幼稚園と、インクルーシブ保育を行っているK幼
稚園のそれぞれの保育者の意識についてインタビュー調査を行い、その内容を
逐語録に起こし、記述された文章をKJ法（川喜田 1967）によって分析した。

　S幼稚園の6名の対象者の回答結果をみると、「障がいのある子どもの得意
な部分をみつけて、集団のなかでよい経験をさせてあげたい」と肯定的な発言
もあるが、一方では「障がいのある子どもとの具体的な関わりは難しく、手段
や工夫が必要」「クラス運営の中で障がい児にどのように接すればいいのか手
立てが見つからず、叱責につながった」「子ども同士刺激を受けることは必要

だが、健常児と障がい児を一緒にするには障がい児の人数や人手などを考えないといけない」など否定的な発言もあり、障がい児の対応の難しさと保育者の負担を訴える内容の発言も散見された。統合保育は、子ども同士にはよい刺激になるという考え方がある一方で、保育者の負担が多く障がい児への対応が難しいという意識がある。K幼稚園の8名の対象者の回答結果をみると、インクルーシブ保育を進めていくうえでは、「クラス担任もどの保育者も障がい児に対する技術が必要だ」という意見があり、クラス担任や障がい児担当という垣根を取り、障がいのあるなしにかかわらずすべての子どもの保育ニーズに応えようという意欲が読み取れる。一方では「障がい児の対応だけで手がいっぱい」と障がい児担当の難しさや保育の対応の困難さを痛感しているインクルーシブ保育の保育者もいる。統合保育であれインクルーシブ保育であれ、保育者が障がい児にどのように対応するかの悩みは共通であった。

しかしK幼稚園の保育者からは、「クラス活動、コーナー活動で障がい児と健常児が共に関わりができるような遊びを配慮する」「クラスのなかで障がい児がクラスの一員として受け止められるよう、すべての子どもを巻き込む保育が楽しいと感じる意識が必要」というインクルーシブ保育の保育理念をもった高い意識がうかがえる。一方、統合保育を実施しているS幼稚園の保育者からは、障がい児を健常児集団に入れて一緒の活動を行うにあたり、障がい児への対応が困難であるなど保育者の負担を感じていることが示されている。そして、健常児集団に入れないと否定されるのは障がい児であり、障がい児が健常児中心のクラス活動に入れない、参加できないと言って悩むのは保育者である。障がい児が自己の存在を否定されずにクラスの一員となるにはインクルーシブ保育の考え方が求められる。インクルーシブ保育ではどの子どもも否定されず尊重される保育を目指している。しかし障がい児の対応については、障がい児担当のみならず、どの保育者も障がい児に関する知識や経験を有しながら、障がい児と健常児との相互作用を形成できるようなより高い保育の専門性が必要であることも同時に明らかになった。

第9章　全体考察及び結論

9・7　統合保育とインクルーシブ保育の類似点と相違点について

　統合保育は、障がい児と健常児が一緒の場で共に活動を行うことを目指す保育である。両者の統合が主たる目的であり、一人ひとりの保育ニーズに応えることはできない。それに対してインクルーシブ保育は、障がいのあるなしにかかわらず、すべての子どもの存在を前提にして行われる保育であり、一人ひとりの保育ニーズに応える保育である。したがって、標準的な発達をしている子どもも発達が遅れている子どもも、ありのまま存在することを前提にして保育活動が営まれる。

　統合保育では障がい児にも健常児にも集団生活への参加や適応が求められる。集団生活に参加できない障がい児や健常児にも、参加できるように支援することに力点が置かれる。インクルーシブ保育では、一人ひとりの違いを認めて、個人差や多様性を認めるところから出発するので、障がいがあろうとなかろうと子ども一人ひとりを大切にする。統合保育のイメージでは、多くの健常児たちのなかに少数の障がい児がいることになり、多くの健常児の活動に少数の障がい児が参加する形になる。はたしてそこにいる障がい児は、自分らしい好きな遊びや関心のある活動をしているといえるだろうか。欲求が満たされていないのではなかろうか。そこが疑問である。一方、インクルーシブ保育のイメージでは、障がい児が関心のありそうな活動や遊びを保育者が考えて材料や道具、環境を整えるという発想があるので、障がい児は自分の好きな活動を楽しむことができるのである。もちろん健常児一人ひとりにとっても、たとえ関心や興味が異なっていても楽しく活動できるように配慮してあるのがインクルーシブ保育の特徴で、どの子どもの保育ニーズにも対応することを目指している。統合保育での保育者の悩みに、障がい児をどうクラス活動に参加させるかというものがあったが、それは健常児中心の保育活動にどう障がい児を参加させるかという統合保育の保育方法の原理からくるものである。インクルーシブ保育でも保育者には障がい児とどう関わるかという悩みはあるが、これは障

157

がいがあろうがなかろうが一人の子どもとどう向き合うかという悩みであり、クラス活動に参加させなければならないという悩みとは異なっている。

9・8　結論

　本研究の事例1の結果からは、統合保育において、障がい児と健常児との相互作用を生じさせるためには、まず保育者が障がい児との信頼関係を築き、そのうえで、障がい児と健常児との相互作用を形成する仲介役を果たすことが重要であることが示された。観察結果においては、障がい児と健常児には相互作用が生じなかったが、それは保育者がその役割を十分に果たせなかったからである。

　事例2では事例1の結果を踏まえ、保育者が障がい児と信頼関係をつくったのちに、保育者が意図的に障がい児と健常児たちとの社会的相互作用を形成するための介入プログラムを定期的に実施したところ、障がい児のC児と健常児たちには社会的相互作用が生まれ、相互作用の回数も次第に増加する結果となった。統合保育においても設定場面では、保育者が意図的に保育プログラムを実施することで障がい児と健常児との相互作用が生まれることがこの事例から明らかになった。しかし自由遊び場面では、自閉症児のC児は健常児からの働きかけに応じることができずに相互作用が終了してしまう場面がしばしばみられた。これは障がい児の好きな遊びや関心のある活動が日々のクラス活動に取り込まれずに、週1回の介入プログラムの実施という段階にとどまり、多くの健常児に合わせた保育プログラムが中心になるためである。保育者には今までの保育プログラムを見直して、障がい児も参加できるクラス活動にするという発想がなかった。

　事例3では、障がい児と健常児との相互作用が生まれ、運動会のクラス対抗リレーをめぐって、障がい児も健常児も自分たちの言い分をぶつけ合いながら、自分たちでリレーのルールを変えていくという子どもたちの主体的な活動がみられた。インクルーシブ保育は、子どもたちの主体性を尊重した保育であ

るので、子どもたちの活動が主体的に行われたことは注目すべきよい結果である。

　事例4の自閉症児の事例では、障がい児と健常児との相互作用がみられ、クラスの仲間との関係も成立し、クラス活動に障がいの児のE児が自ら主体的に参加している姿があった。運動会のクラス対抗リレーでは自らも走って次の走者にバトンを渡し、見事1位になるとクラスの仲間とうれしさを分かち合い、大喜びしているシーンが筆者の目にも焼き付いている。運動会では綱引きの勝敗シーンでも負けると悔しそうな表情をし、勝つと満面の笑みを浮かべていたことを思い出す。またダンスでもほとんど間違わずに健常児集団のなかで手足を振りながら踊っていたことを筆者は不思議に感じていたが、E児の存在を受け入れたクラスの仲間集団がいたからこそ、彼がクラス活動に参加することができたと考えられる。クラス活動に参加するという行動が起こるには、クラスの仲間と一緒にいることが楽しく、自分がミスをしても許され、誰もが主体的に活動できる仲間集団の存在が必要である。E児はクラスの仲間にとっては面白い存在であり、否定されない存在として受け止められていたからこそ、クラス活動に主体的に参加できたのである。大事なことは障がい児を含むすべての子どもが参加したいクラス活動があり、参加したい仲間集団が存在することである。インクルーシブ保育において、保育者は障がい児を個別に支援してクラス活動に参加させるのではなく、障がい児が参加したくなるよき集団（仲間）をつくることである。それを可能にするためには、保育者には、障がい児担当であろうとなかろうと、障がい児を含むすべての子どもに対応できる専門性の高さと豊かな感性や経験が求められる。K幼稚園では、毎日のようにコーナー遊びが変化して、どの子どもも興味ある活動や遊びに取り組める場がある。どの子どもも楽しんで思い思いの遊びに夢中である。クラス活動に参加しない子どもから突きつけられるさまざまなニーズに応えつつ、どうしたらこの子どもの要望に応えることができるのか、保育プログラムや活動の見直しについて日々苦闘する姿が浮かぶのである。E児とクラスの仲間との関係をみると、自閉症のように人間関係が苦手で社会性が乏しい幼児はクラスでの仲間意

識が育たず集団行動が苦手、という従来からいわれている見解とは異なった結果になっている。自閉症のように対人関係スキルが乏しい幼児にはソーシャルスキルのトレーニングが必要という行動論的な見方からは理解できない結果である。筆者は、インクルーシブ保育においては、応用行動分析のような心理援助技法を保育現場に持ち込む支援よりも、保育者がその得意分野でもある保育の専門性を生かした保育方法で、障がいのある子どもと健常な子どもとの相互作用をつくり仲間関係を育てることの方が、保育現場に浸透しやすいと考える。今回のＥ児と健常児との相互作用や仲間関係の成立は、保育者の経験や専門性に根ざした支援があったからこそ実現したのであり、インクルーシブ保育には有効な支援であると考える。

　本報告のインクルーシブ保育の保育実践例により、障がい児と健常児との相互作用が生まれ、仲間関係も成立したことは明らかである。ただしインクルーシブ保育を実現するには、すべての保育者が障がい児の対応の経験や知識を備えた方が保育者同士の連携や障がい児への対応においてスムーズであろう。すべての子どもに対応できることがインクルーシブ保育を進める保育者の専門性として求められることが、保育者へのインタビュー調査で明らかになっている。インクルーシブ保育による障がい児と健常児との相互作用及び仲間関係の成立は、その後の良好な人間関係を形成する土台となる。また幼稚園を卒園したあとも地域社会の構成員として、互いに理解し認め合い、支え合っていくことがソーシャル・インクルージョンに向けた人格形成の重要な基礎となるであろう。

9・9　今後の課題

　インクルーシブ保育の有効性を検討するためにさらに実践事例を重ねる必要がある。インクルーシブ保育を促進するには、保育者の意識を変えることやその保育方法を学ぶ研修の場が必要であるが、そのためにも実践的な研究が期待される。今後もインクルーシブ保育を推進するための保育方法の開発や有効な実践研究をさらに続けていきたい。

引用・参考文献

赤木和重・岡村由紀子編著（2013）『「気になる子」と言わない保育―こんなときどうする？考え方と手立て―』ひとなる書房.

阿部美穂子（2013）「保育士が主体となって取り組む問題解決志向性コンサルテーションが気になる子どもの保育効力感にもたらす効果の検討」『保育学研究』53（3）：93-106.

アンデルセン作（1985）名作アニメ絵本シリーズ 7 巻『みにくいあひるの子』永岡書店.

Beyer, J. & Gammeltoft L. (1998) *Autism & Play*（井上洋平・荒木穂積訳（2008）『自閉症と遊び』クリエイツかもがわ.）

Cooke, T. P., Ruskus, J. A., et al. (1981) "Handicapped preschool children in the mainstream: background outcomes, and clinical suggestions," *Topics in Early Childood Special Education*, 1: 73-83.

藤原里美（2013）「発達障害児への保育実践能力に関する研究―専門機関の実践研修を受講した研修生の視点から―」『保育学研究』51（3）：57-68.

伏見加代子（2001）「統合保育における障害幼児と健常幼児の相互作用―自発活動場面と設定保育場面との比較―」『上越教育大学幼児教育研究』15：34-37.

Gresham, F. M. (1982) " Misguided mainstreaming," *Exceptional Children*, 48 (5): 422-433.

Guralnick, M. J. (1981) "Programmatic factors affecting child-child social interactions in mainstremed preschool programs," *Exceptional Children*, 46: 248-253.

刑部育子（1998）「『ちょっと気になる子ども』の集団への参加過程に関する関係論的分析」『発達心理学研究』9（1）：1-11.

浜谷直人（2005）「統合保育における障害児の参加状態のアセスメント」『首都大学東京人文学報 教育学』40：17-30.

浜谷直人・五十嵐元子・芦澤清音（2013）「特別支援対象児が在籍するクラスがインクルーシブになる過程」『保育学研究』51（3）：45-56.

Harris, K. I. & Gleim, L. (2008) "The light fantastic: Making learning visible for all children through the Project Approach," *Young Exceptinal Children*, 11: 27-40.

長谷川靖子・加藤惟一・小山望（2008）「特別な支援を要する児への幼稚園における移行支援について」『日本保育学会第 61 回大会発表要旨集』.

早川淳・野村弘子・早川稔（2012）「インクルーシブ保育へのレディネス」『羽衣国際大学人

間生活学部研究紀要』7：13-30.

Helm, J. H. & Beneke, S. (2003) *The power of projects: Meeting contemporary challenges in early childhood classrooms-strategies & solutions*, Teachers College Press.

東俊一（2001）「統合保育場面における子ども同士の相互作用に関する検討―障害児との "共に遊ぶ経験" に焦点を当てて―」『新見公立短期大学紀要』22：35-44.

東俊一（2009）「統合保育をめぐる現状と課題」『ノートルダム清心女子大学紀要』33（1）：64-75.

肥後祥治（2003）「地域社会に根ざしたリハビリテーション（CBR）からの日本の教育への示唆」『特殊教育学研究』41（3）：345-355.

本田俊章（2011）「障碍のある子どもを包括する保育実践の方向を探る（22）」『日本保育学会第64回大会発表要旨集』187.

本郷一夫（1985）「保育所における障害児の相互作用に関する研究」『東北大学教育学部研究年報』33：93-109.

本郷一夫（1986）「相互作用場面における障害児に対する保母の働きかけの効果について」『東北大学教育学部研究年報』34：183-201.

本郷一夫（1988）「障害児の相互作用研究に関する方法論的検討」『東北心理科学研究』7：1-11.

堀智晴（1994）「育ちあいを育てる保育―統合保育の実践に学ぶ―」『保育学研究』32：206-208.

堀智晴（2004）『障害のある子の保育・教育―特別支援教育でなくインクルーシヴ教育へ―』明石書店.

堀智晴・橋本好一編著（2010）『障害児保育の実践―インクルーシブ保育の実現に向けて―』ミネルヴァ書房.

堀智晴（2011）「インクルーシブ保育の実践研究（1）」『日本保育学会第64回大会発表要旨集』119.

堀智晴（2013）「インクルーシブ保育の実践研究（3）」『日本保育学会第66回大会発表要旨集』201.

堀智晴（2017）「インクルーシブ保育の意義とその実践上の課題」『保育学研究』55（1）：84-99.

Howlin, P. (1986) "An overview of social behavior in autism," In Schopler, E. & Mesibov, G. (Eds.), *Social behavior in autism*, Plenum, 103-112.

井田範美・小山望・柴崎正行（1992）『基礎から実践までの障害児保育』ひかりのくに.

池田久美子（2014）「特別な支援を必要とする子どもの仲間関係の発達に関する事例的検討」『保育学研究』52（1）：56-67.

石井正子（2009）「幼稚園・保育所の園長等管理職の統合保育に関する認識―インクルーシブな保育に向けての現状と課題―」『学苑・初等教育学科紀要』昭和女子大学，824：62-78.

石井正子（2010a）「日本における統合保育の進展と研究動向―統合保育の成立からインクルーシブな保育へのパラダイム転換まで―」『昭和女子大学大学院生活機構研究科紀要』19：15-28.

石井正子（2010b）「スウェーデン、デンマークにおける特別なニーズのある子どもの保育―統合保育所及び保育者養成校視察報告―」『学苑・初等教育学科紀要』昭和女子大学，836：63-74.

伊藤恵子（2004）「文字への関心を友達への関心へと変えていった保育者の存在」『保育学研究』42（1）：29-41.

Jenkins, J. R., Speltz, M. L., & Odom, S. L. (1985) "Integrating normal and handicapped preschoolers: Effects on child development and social interaction," *Exceptinal Children*, 52: 7-18.

Jenkins, J. R., Odom, S. L., & Speltz, M. L. (1989) "Effects of social integration on preschool children with handicaps," *Exceptional Children*, 55: 420-428.

神野秀雄（1992）「統合保育の意義」，蔭山英順編『統合保育』コレール社，21-40.

加藤和成・鶴巻直子・広瀬由紀・太田俊己（2011）「いろいろな子を含めた遊びが充実する保育を目指して―遊び場を見直し園保育を再構築する試み―」『日本保育学会第66回大会発表要旨集』200.

加藤和成・鶴巻直子・鈴木由歌・小山望・広瀬由紀（2017）自主シンポジウム「障害児保育、統合保育からインクルーシブ保育へ」『日本保育学会第70回大会発表要旨集』204.

加藤惟一（2006）「インクルーシブ保育に関する葛飾こどもの園幼稚園小史」『保育の実践と研究』11：9-20.

加藤惟一・太田俊己・加藤純子（2009）「コーナー活動の意義方法を省みるＩ―当幼稚園の50年の試みから―」『日本保育学会第62回大会発表要旨集』700.

河合高鋭・小山望（2011）「インクルーシブ保育における保育者の意識（2）」『日本人間関係学会第19回大会発表要旨集』10-11.

河合高鋭・小山望・加藤和成（2013a）「インクルーシブ保育に関する研究（5）―保育者の意識について―」『日本保育学会第66回大会発表要旨集』223.

河合高鋭・小山望・加藤和成（2013b）「インクルーシブ保育に関する研究（6）―保育者の意識について―」『日本保育学会第66回大会発表要旨集』202.

河合高鋭・小山望・加藤和成（2014）「インクルーシブ保育に関する研究（7）―園長、主任の意識について―」『日本保育学会第67回大会発表要旨集』309.

河合高鋭・加藤和成・小山望（2015）「インクルーシブ保育に関する研究（8）―研修におけ

る振り返り―」『日本保育学会第68回大会発表要旨集』310.

河合高鋭・小山望（2015）「幼稚園におけるインクルーシブ保育への一考察―保育者の意識を対象とした分析をてがかりに―」『人間関係学研究』20（1）:15-28.

川喜田二郎（1967）『発想法―創造性開発のために―』中公新書.

木曽陽子（2011）「『気になる子ども』の保護者との関係における保育士の困り感の変容プロセス」『保育学研究』49（2）:84-95.

木曽陽子（2012）「特別な支援が必要な子どもの保育における保育士の困り感の変容プロセス」『保育学研究』50（2）:26-38.

木曽陽子（2013）「発達障害の傾向がある子どもと保育士のバーンアウトの関係」『保育学研究』51（2）:51-62.

木曽陽子（2016）「未診断の発達障害の傾向がある子どもの保育や保護者支援と保育士の心理的負担との関係」『保育学研究』54（1）:67-78.

金彦志・細川徹（2005）「発達障害児における社会的相互作用に関する研究動向―学童期の仲間関係を中心に―」『東北大学大学院教育学研究科研究年報』53（2）:239-251.

金珍照・園山繁樹（2008）「公立幼稚園における個別の指導計画に関する実態調査―『障害のある幼児の受け入れや指導に関する調査研究』指定地域の協力園への質問調査―」『障害科学研究』32:139-149.

金珍照・園山繁樹（2010）「統合保育場面における『埋め込まれた学習機会の活用』を用いた外部支援者による支援の検討」『特殊教育学研究』48（4）:285-297.

橘川佳奈（2009）「これからの『統合保育』―米国の早期インクルージョンの動向から―」『洗足論叢』38:161-168.

小松秀茂（1987）「統合保育の意義と課題」，清水貞夫・小松秀茂編『統合保育―その理論と実践―』学苑社，102-122.

近藤みえ子・山本理絵（2013）「集団での絵本の読み聞かせを通しての自閉症スペクトラム幼児の発達支援」『保育学研究』51（3）:32-44.

Lave, J. & Wenger, E. (1991) *Situated Learning: Legitimate peripheral participation*. Cambridge University Press.（佐伯胖訳（1993）「状況に埋め込まれた学習―正統的周辺参加―」産業図書.）

Lord, C. (1984) "The development of peer relations in children with autism," In Morrison, F., Lord, C., & Keating, D. (Eds.) *Advances in Applied developmental Psychology*. Academic Press, 165-229.

Lord, C. & Magill, J. (1994)「自閉症における友達関係の方法論的・理論的問題」In Dawson, G. (Ed). *Autism: Nature, Diagnosis and Treatment*. Guilford Press. （野村東助・清水康夫監訳（1994）『自閉症―その本態、診断および治療―』日本文化科学社.）

引用・参考文献

真鍋健・七木田敦（2010）「アメリカ合衆国における幼児期インクルージョン支援ツール Building Blocks model の検討」『教育学研究紀要』中国四国教育学会，56（1）：364-369.

真鍋健（2013）「保育者と外部支援者との協働による個別の指導計画作成に関する研究」『保育学研究』51（3）：69-81.

松井剛太・七木田敦（2003）「自閉的傾向のある幼児の他児との関係に関する一考察」『日本保育学会第56回大会発表要旨集』454-455.

松井剛太・七木田敦（2004）「ニュージーランドにおける幼児期のインクルージョンに関する研究―保育者のための実践的ガイドラインを中心に―」『広島大学大学院教育学研究科紀要』第3部，53：333-340.

松井剛太・七木田敦（2005）「統合保育における保育カンファレンスの方法とその効果―グループインタビュー法を用いた障害児の個別支援計画作成に関して―」『小児保健研究』64（3）：469-475.

松井剛太（2013）「保育本来の遊びが障がいのある子どもにもたらす意義―障害特性論に基づく遊びの批判的検討から―」『保育学研究』51（3）：6-20.

松井剛太・越中康治・朴信永他（2015）「保育者は障害児保育の経験をどのように意味づけているのか」『保育学研究』53（1）：66-77.

三谷嘉明・西野知子他（1988）「統合保育における障害児の社会的相互作用の促進」『日本保育学会第41回大会発表要旨集』202-203.

三谷嘉明（1993）「ノーマライゼーション原理からみた統合保育」『保育学研究』31：27-31.

三輪恒嗣・柴田俊（2011）「どの子にもうれしい保育をめざす実践的研究」『日本保育学会第64回大会発表要旨集』484.

村田保太郎（1992）「障害児の受け入れ」，障害児保育研究会編『保育所における障害児への対応』全国社会福祉協議会.

守巧・中野圭子・酒井幸子（2013）「保育者の主体的な保育実践を導くコンサルテーション成立要因の抽出―コンサルテーション実施の『その後』に焦点を当てて―」『保育学研究』51（3）：82-92.

中坪史典・上田敏丈（2000）「統合保育場面における障害児を取り巻く人間関係」『保育学研究』38（1）：45-52.

七木田敦・林よし恵・松本信吾他（2011）「発達に課題のある幼児の幼稚園適応に関する実践的研究―適応過程とその関連要因の検討を中心に―」，広島大学『学部・付属学校共同研究機構研究紀要』39：45-50.

日本発達障害福祉連盟（2008）『発達障害白書』明石書店.

二文字理明（1995）「スウェーデンの障害児教育改革」『ノーマライゼーション研究』156-159.

西野知子（1991）「統合保育における社会的相互作用」『日本保育学会第44回大会発表要旨集』396-397.

西脇雅彦・安井素子・竹内あゆ美他（2006）「広汎性発達障害幼児の統合教育　第1報—担任との愛着形成による発達支援—」『治療教育学研究』26：31-37.

西山駿太郎（2011）「『どの子にも』と『その子には』のはざまで園長が保育をふり空かえるとき」『日本保育学会第64回大会発表要旨集』489.

野田裕子・田中道治（1993）「統合保育における精神遅滞幼児と健常幼児の相互作用過程」『特殊教育学研究』31（3）：37-43.

野本茂夫監修（2005）『障害児保育入門—どの子にもうれしい保育をめざして—』ミネルヴァ書房.

野本茂夫（2010）「どの子にもうれしい保育の研究」『日本保育学会第63回大会発表要旨集』.

野本茂夫（2011）「どの子どもにもうれしい保育の研究（2）」『日本保育学会第64回大会発表要旨集』55.

Odom, S. L. & Strain, P. S. (1986) "A comparison of peer-initiation and teacher-antecedent intervention for promoting reciprocal social interaction of autistic preschoolers," *Journal of Applied Behavior Analysis*, 19 (1): 59-71.

Odom, S. & McEvoy, M. A. (1988) "Integration of young children with handicaps and normally developing children," In Odom, S. L. & Karnes. M. B. (Eds) *Earley interventoin for infants and childen with handicaps*, Paul H. Brookes Publishing, 241-267.

太田光世（1986）「統合保育における健常児と障害児の関係行動の変容過程」『情緒障害教育研究紀要』5：29-32.

太田俊己・加藤純子（2008）「インクルーシブ保育が特別支援教育に提起するもの—障害ある子を含む小集団活動をもとに—」『日本保育学会第61回大会発表要旨集』199.

太田俊己・木下勝世・小山望他（2009）「障害のある子どもへの今後の統合保育、特別支援保育を問う」『日本保育学会第61回準備委員会企画シンポジウム　第61回発表要旨集』40-41.

太田俊己・田村光子・根本曜子（2012）「障害のある子ども含む保育をどう進めるか」植草学園大学・植草学園短期大学・保育研究報告会.

小山望・京林由紀子・井田範美（1989）「東京都内の障害児保育に関する調査その（1）—保育態勢及び障害児担当者の意識について—」『児童研究』68：77-86.

小山望（1993）「統合保育に関する研究動向—特殊教育学会を中心にして—」『日本特殊教育学会第31回大会論文集』704-705.

小山望（1995）「障害児と健常児との社会的相互作用における要因について」『児童研究』74：2-10.

小山望・池田由紀江（1995）「統合保育における障害児と健常児の社会的相互作用形成に関

する研究―保育者の役割に関して―」『筑波大学心身障害学研究』19：61-71.

小山望（1999）「インクルージョン教育に関する考察―障害児教育から我が国の教育制度を変革する―」『東京理科大学紀要』31：132-152.

小山望・鍋島麗子（1999）「統合保育に関する研究―自閉的傾向幼児に対する異年齢保育と同年齢保育の違い―」『日本特殊教育学会第37回大会発表論文集』.

小山望（2003）「自閉的な幼児と健常幼児との社会的相互作用の形成」『人間関係学研究』10：11-23.

小山望（2006）「ある自閉的な子どもの小学校入学後6年目の追跡研究―統合保育後の人間関係の考察―」『人間関係学研究』13（1）：29-38.

小山望・加藤純子・加藤和成（2008）「いっしょの保育についての調査研究―インクルーシブ保育の効果について―」『日本保育学会第61回大会発表要旨集』98.

小山望・鶴巻直子・加藤和成（2009）「インクルーシブ保育に関する研究（その1）」『日本保育学会第62回大会発表要旨集』204.

小山望・鶴巻直子・加藤満喜人・加藤和成（2010）「インクルーシブ保育に関する研究（その3）」『日本保育学会第63回大会発表要旨集』228.

小山望・山口洋史（2010）「インクルーシブ保育に関する研究（その2）」『日本リハビリテーション連携科学学会第11回大会論文集』132-133.

小山望（2011）「インクルーシブ保育における自閉的な幼児と健常児との社会的相互作用についての一考察」『人間関係学研究』17（2）：13-28.

小山望・河合高鋭（2011）「インクルーシブ保育における保育者の意識（1）」『日本人間関係学会第19回大会発表要旨集』8-9.

小山望・鶴巻直子・加藤和成（2011）「インクルーシブ保育に関する研究（その4）」『日本保育学会第64回大会発表要旨集』120.

小山望・太田俊己・加藤和成・河合高鋭（2013）『インクルーシブ保育っていいね――人ひとりが大切にされる保育―』福村出版.

小山望・堀智晴・加藤和成・河合高鋭・鈴木由歌・太田俊己（2016）自主シンポジウム「障がい児保育、統合保育からインクルーシブ保育へ――人ひとり大切にする保育―」『日本保育学会第69回大会発表要旨集』.

ポーター倫子（2011）「高機能自閉症児のこだわりを生かす保育実践―プロジェクト・アプローチを手がかりに―」『保育学研究』49（1）：73-84.

Pretti-Frontczak, K. & Bricker, D. (2004) *An activity-based approach to early intervention*, Paul H. Brookes Publishing.

Rafferty, Y., Piscitelli, V., & Boettcher, C. (2003) "The impact of inclusion on language development and social competence among preschoolers with disabilities," *Exceptional*

Children, 69 (4): 467-479.

Rutter, M. & Bartak, L. (1973) "Special educational treatment of autistic children: A comparative study-II. Follow-up findings and implications for services," *Journal of Child Psychology and Psychiatry*, 14 (4): 241-270.

Rutter, M. (1978) "Diagnosis and definition," In Rutter, M. (Eds.). *Autism*, Plenum.

Rutter, M. & Schopler, E. (1988) "Autism and pervasive developmental disorders," In Rutter, M., Tuma, A. H., & Lam, I. S. (Eds.). *Assesment and diagnosis in child psychopathology*, Guilford Press, 408-434.

齋藤正典・トート・ガーボル（2012）「韓国におけるインクルーシブ保育の先駆的実践」『子ども教育研究』4：12-13.

佐久間庸子・田部絢子・高橋智（2011）「幼稚園における特別支援教育の現状」『東京学芸大学紀要　総合教育科学系』62 (2)：153-173.

佐藤智恵（2013）「特別な支援が必要な子どもの保育所から小学校への移行に関する研究」『保育学研究』51 (3)：107-117.

佐藤容子（1995）「統合保育場面における障害幼児の社会的やり取り」『日本特殊教育学会第33回大会発表論文集』978-979.

佐藤容子（1997）「統合保育に対する保育者の評価―社会的やり取りを促す指導技法に関して―」『日本教育心理学会第39回大会発表論文集』501.

柴崎正行（2009）「特別な支援を必要とする乳幼児の保育に関する最近の動向」『保育学研究』47 (1)：82-92.

柴崎正行・太田俊己監修（2016）『はじめてのインクルーシブ保育』合同出版.

清水直治（2009）「発達に障害のある乳幼児への早期介入と家族支援に関する諸問題（5）―『インクルージョン保育を展開するための幼児・グループ指導カリキュラム―「遊び単元」中心の多層水準指導―』の開発と実践に関して―」『東洋大学文学部紀要　教育学科編』35：41-53.

関塚淑子・井坂（斎藤）政子（1996）「一保育園における統合保育の実践と効果　その2 健常児からみた統合保育の効果」『日本保育学会第49回大会発表要旨集』174-175.

園山繁樹・秋元久美江・板垣賢太郎他（1989）「幼稚園における自閉性障害児のメインストリーミング―機会利用型指導の試み―」『特殊教育学研究』26：21-32.

園山繁樹・秋元久美江・伊東ミサイ（1989）「幼稚園における一自閉性障害児の発語の出現過程と社会的相互作用」『特殊教育学研究』27 (3)：107-115.

園山繁樹（1994）「障害児の統合保育をめぐる課題―状況要因の分析―」『特殊教育学研究』32 (3)：57-68.

園山繁樹（1996）『統合保育の方法論』相川書房.

引用・参考文献

Strain, P. S. & Odom, S. L. (1986) "Peer social initiations: Effective intervention for social skills development of exceptional children," *Exceptional Children*, 52: 543-552.

杉浦英樹（2004）「プロジェクト・アプローチにおけるプロジェクトモデルの妥当性」『上越教育大学研究紀要』23（2）：393-427.

角尾和子（2008）『プロジェクト型保育の実践研究』北大路書房.

Stainback, S. & Stainback, W. (1992) "School as Inclusive Communities," Stainback, W. & Stainback, S. (Eds.) *Controversial Issues Confronting Special Education: Divergent Perspectives*, Allyn and Bacon, 29-43.

鶴田智子（2011）「包括的な保育をめざして─共に生きていく場としての保育園─」『日本保育学会第64回大会発表要旨集』476.

田淵優（1990）『障害児の保育と教育』建帛社.

田村光子・根本曜子（2014）「障害のある子を含む保育（インクルーシブ保育）への保護者の意見」『植草学園短期大学研究紀要』15：21-26.

田中謙（2013）「日本における障害児保育に関する歴史的研究」『保育学研究』51（3）：21-31.

垂見直樹・橋本翼（2017）「特別な支援の受容に伴う保育現場の組織的変容の萌芽」『保育学研究』55（1）：43-54.

寺尾孝士・竹下敏雄（1977）「障害児幼児の治療教育における施設機能の流動的運用について─統合保育と宿泊訓練について─」『日本保育学会30回大会発表要旨集』105.

鶴巻直子・小林奈津子・小山望（2010）「配慮を要する子を含めたより柔軟な保育内容の検討」『日本保育学会第63回大会発表要旨集』103.

内田千春（2008）「アメリカのあるインクルージョン実践─保育の質的向上に向けた試み─」『日本保育学会第62回大会発表要旨集』205.

若月芳浩・渡辺英則（2004）「障碍のある子どもを包括する保育実践の方向を探る（9）」『日本保育学会57回大会発表要旨集』598-599.

若月芳浩・本田俊章（2007）「障碍のある子どもを包括する保育実践の方向を探る（15）」『日本保育学会第60回大会発表要旨集』338-339.

若月芳浩他（2013）「障碍のある子どもを包括する保育実践の方向を探る（27）」『日本保育学会第66回大会発表要旨集』204.

渡辺英則他（2011）「障碍のある子どもを包括する保育実践の方向を探る（26）」『日本保育学会第66回大会発表要旨集』203.

渡部信一（2001）『障害児は現場で学ぶ─自閉症のケースで考える─』新曜社.

渡部信一・本郷一夫・無藤隆編（2009）『障がい児保育』北大路書房.

Wing, L. (1998) *The Autistic Spectrum*, Constable and Company.（久保紘章・佐々木正美・清水康夫監訳（1998）『自閉症スペクトル─親と専門家のためのガイドブック─』東京書

籍.）

Wolfensberger, W. (1981) *The principle of normalization in human services.*（中園康夫・清水貞夫訳（1982）『ノーマリゼーション―社会福祉サービスの本質―』学苑社.）

矢萩恭子・嶺村法子（2011）「保育者・介助員・観察者の協働による包括的な保育の試み」『日本保育学会第 64 回大会発表要旨集』809.

山口洋史（2004）『これからの特別支援教育』ミネルヴァ書房.

山本佳代子・山根正夫（2006）「インクルーシブ保育における保育者の専門性に関する一考察」『山口県立大学社会福祉学部紀要』12：53-60.

湯浅恭正（2008）『よくわかる特別支援教育』ミネルヴァ書房.

湯澤美紀・湯澤正道（2010）「仲間とともに育つ―アスペルガー症候群の子どもの体験と成長―」『保育学研究』48（1）：36-46.

謝辞に代えて

　本書をまとめるにあたり、多くの方々にお世話になり、ご指導いただきました。大学院生のころから現在に至るまで、障がい児保育、統合保育、インクルーシブ保育の保育実践を学ぶ機会を与えていただいた葛飾こどもの園幼稚園の加藤惟一理事長先生、加藤和成園長先生をはじめ鶴巻直子先生など多くの先生方に大変お世話になりました。保育カンファレンスに参加させていただき、在園している障がい児の保育をめぐって、白熱の議論を交わしたことがたびたびありました。A 君（事例 1 の A 児）とご両親には研究をまとめるにあたり多大なご協力をいただき、本当にありがとうございました。

　同様に埼玉県 K 市の K 保育園の園長先生や保育士の先生方、C 君（事例 2 の C 児）と C 君のお母さん、C 君が通っていた小学校の担任の先生や音楽の先生などにもひとかたならぬご協力をいただき、本当にありがとうございました。

　インクルーシブ保育の考え方が、日本各地の保育現場で取り入れられ、すべての子どもが生き生きと子ども同士で遊んだり過ごしたりできる生活の場になることを願っています。インクルーシブ保育は、子どもの多様性を認める保育です。保育の場にいろいろな子どもたちが存在することを前提としています。私は幼児期に多様性を涵養する保育環境として、インクルーシブ保育が重要であると思っています。

　本書は、2013 年 3 月に九州保健福祉大学より博士（社会福祉学）の学位を授与された論文「インクルーシブ保育における障がい児と健常児の社会的相互作用について―仲間関係の形成要因と保育者の役割について―」を埼玉学園大学研究叢書によって刊行するものです。埼玉学園大学学長の峯岸進先生には、このような機会を与えていただき感謝申し上げます。

博士論文の完成までに、九州保健福祉大学大学院の山口洋史元教授には、本論文の構想からデータのまとめ方について、適切なご指導・助言をいただきありがとうございました。執筆において行き詰ったときには、山口先生のユーモアあふれるお人柄に励まされました。また同大学院の藤田和弘教授には、適切で鋭い貴重なアドバイスをたくさんいただき感謝しております。藤田先生には筑波大学大学院生のときにもお世話になりました。同大学院の正野知基教授には、論文のまとめ方やデータの分析などについて的確なご指導・ご助言をいただき感謝申し上げます。さらにインクルーシブ保育実践研究者でそのパイオニア的存在である元大阪市立大学教授の堀智晴先生には、実践研究を大事にし、現場から学ぶ姿勢の大切さを教えていただきました。またインクルーシブ保育の共同研究者である、関東学院大学の太田俊己先生、鶴見短期大学の河合高鋭先生、昭和女子大学の石井正子先生には、日本保育学会のシンポジウムや研究上の交流を通じ、有益な意見やさまざまな研究データをいただいたことについて、この場を借りて感謝申し上げます。最後に、私がこの統合保育の研究に取り組むきっかけをつくってくださった故井田範美先生（当時筑波大学教授）に感謝申し上げます。井田先生にはよく子どもから学べと教えていただきました。

　福村出版の宮下基幸社長には、本書の出版の企画から発刊に至るまで親身にご相談に乗っていただき、編集担当の小山光さんには原稿のチェックをしていただき、厚く御礼申し上げます。

　本書がインクルーシブ保育実践の発展に少しでも寄与できることを願ってやみません。

平成 30 年 1 月 20 日

埼玉学園大学人間学部心理学科学科長・教授

小山　望

初出一覧

第4章
小山望（2003）「自閉的な幼児と健常幼児との社会的相互作用の形成」『人間関係学研究』10（1）：11-23.

第5章
小山望・鶴巻直子・加藤和成（2009）「インクルーシブ保育に関する研究（その1）」『日本保育学会第62回大会発表要旨集』204.

第6章
小山望（2011）「インクルーシブ保育における自閉的な幼児と健常児の社会的相互作用についての一考察」『人間関係学研究』17（2）：13-28.

第7章
小山望・河合高鋭（2011）「インクルーシブ保育における保育者の意識（1）」『日本人間関係学会第19回大会発表要旨集』8-9.
河合高鋭・小山望（2011）「インクルーシブ保育における保育者の意識（2）」『日本人間関係学会第19回大会発表要旨集』10-11.

第8章8・2
小山望（2006）「ある自閉的な子どもの小学校入学後6年目の追跡研究—統合保育後の人間関係の考察—」『人間関係学研究』13（1）：29-38.

著者プロフィール

小山　望（おやま　のぞみ）

埼玉学園大学人間学部心理学科長・大学院心理学研究科教授
臨床心理士・人間関係士、博士（社会福祉学）九州保健福祉大学

青山学院大学文学部教育学科心理学専攻、同大学院心理学研究科修士課程修了
筑波大学大学院心身障害学研究科博士課程満期退学
国立総合児童センター（こどもの城）保育研究開発部コーディネーター・心理
相談員、埼玉県立衛生短期大学（現埼玉県立大学）保育学科、東京理科大学理
工学部教授、東京理科大学大学院科学教育研究科教授を経て、2014 年より埼
玉学園大学大学院心理学研究科教授
葛飾こどもの園幼稚園非常勤講師、野田市特別支援教育専門家チーム委員、川
口市障害児就学支援委員会委員、青山学院大学大学院教育人間科学研究科講師

著書・論文：

「自閉的な幼児と健常幼児との社会的相互作用の形成」『人間関係学研究』10
（1）：11-23（2003 年）
「ある自閉的な子どもの小学校入学後 6 年目の追跡研究」『人間関係学研究』13
（1）：29-38（2006 年）
『わかりやすい臨床心理学入門』（編著、福村出版、2009 年）
「インクルーシィブ保育における自閉的な幼児と健常児の社会的相互作用につ
いての一考察」『人間関係学研究』17（2）：13-28（2011 年）
『インクルーシブ保育っていいね』（共編著、福村出版、2013 年）
「幼稚園におけるインクルーシブ保育への一考察」（共著）『人間関係学研究』
20（1）：15-28（2015 年）
『人間関係ハンドブック』（共監修、一般社団法人日本人間関係学会編、福村出
版、2017 年）

埼玉学園大学研究叢書 第15巻

インクルーシブ保育における
園児の社会的相互作用と保育者の役割
――障がいのある子どもとない子どもの友だちづくり

2018年2月20日　初版第1刷発行

著　者　　小　山　　　望

発行者　　宮　下　基　幸

発行所　　福村出版株式会社
〒113-0034　東京都文京区湯島2-14-11
電　話　03（5812）9702
ＦＡＸ　03（5812）9705
https://www.fukumura.co.jp

印　刷　　株式会社文化カラー印刷

製　本　　本間製本株式会社

©Nozomi Oyama 2018
Printed in Japan
ISBN978-4-571-12133-3 C3037
落丁・乱丁本はお取替えいたします
定価はカバーに表示してあります

福村出版◆好評図書

小山 望・太田俊己・加藤和成・河合高鋭 編著
インクルーシブ保育っていいね
●一人ひとりが大切にされる保育をめざして

◎2,200円　　ISBN978-4-571-12121-0　C3037

障がいのある・なしに関係なく，すべての子どものニーズに応えるインクルーシブ保育の考え方と実践を述べる。

石井正子 著
障害のある子どもの インクルージョンと保育システム

◎4,000円　　ISBN978-4-571-12120-3　C3037

「障害のある子ども」のいる保育の場面で求められる専門性とは何か。「かかわり」という視点からの問題提起。

橋本創一 他 編著
知的・発達障害のある子のための 「インクルーシブ保育」実践プログラム
●遊び活動から就学移行・療育支援まで

◎2,400円　　ISBN978-4-571-12119-7　C3037

すぐに活用できる知的・発達障害児の保育事例集。集団保育から小学校の入学準備，療育支援まで扱っている。

湯浅恭正・新井英靖 編著
インクルーシブ授業の 国際比較研究

◎6,800円　　ISBN978-4-571-12132-6　C3037

日・英・独における比較研究を通して，21世紀に期待されるインクルーシブ授業（教育）のあり方を展望。

小川英彦 編
ポケット判
保育士・幼稚園教諭のための 障害児保育キーワード100

◎2,000円　　ISBN978-4-571-12131-9　C3037

法律・制度から日々の実践まで，障害児保育に必要な情報100項目を収録し，平易に解説したガイドブック。

小山 望・早坂三郎 監修／一般社団法人日本人間関係学会 編
人間関係ハンドブック

◎3,500円　　ISBN978-4-571-20084-7　C3011

人間関係に関する様々な研究を紹介，人間関係学の全貌を1冊で概観。「人間関係士」資格取得の参考書としても最適。

小山 望 編著
人間関係がよくわかる心理学

◎2,200円　　ISBN978-4-571-20073-1　C3011

科学的学問としての心理学に基づき，トピック，キーワードをもとにやさしく解説した人間関係の心理学書。

◎価格は本体価格です。